뉴질랜드
지리 이야기

국립중앙도서관 출판시도서목록(CIP)

뉴질랜드 지리 이야기 / 지은이: 조화룡. – 파주 : 한울, 2006
   p. ;   cm

참고문헌과 색인수록
ISBN   89-460-3579-X 03960

986.3-KDC4
919.3-DDC21   CIP2006001770

뉴질랜드
지리 이야기

조화룡 지음

한울

머리말

이 책은 뉴질랜드의 지리적 내용을 기행문처럼 풀어서 쓴 것이다. 학술적으로 충분히 고증하여 쓴 책은 아니므로 제목을 『뉴질랜드 지리 이야기』라 하였다.

필자는 2003년 3월부터 2004년 2월까지 일 년 동안 오클랜드 대학에 연구교수로 머물면서 알게 된 것, 느낀 것, 여행을 통해 본 것들을 그때그때 국내에 있는 친구, 제자들에게 써서 보냈다. 이때는 사진과 지도가 없이 주로 보고 느낀 것을 이야기 위주로 해서 보냈는데, 귀국 후 이들로부터 사진과 지도를 갖추어 책으로 발간해 볼 것을 권유받았고, 스스로도 일 년 동안의 경험을 정리해 볼 필요를 느껴 이 책을 쓰게 되었다.

필자의 전공이 지형학이고, 또 뉴질랜드는 지형학적으로 볼 것이 많아 이 책 내용의 대부분도 지형학과 관련된 이야기인 것을 부인할 수 없다. 지형 이야기의 이론적 배경이 된 책은 순스와 셀비(Soons and Selby)의 『뉴질랜드의 지형(Landforms of New Zealand)』과 모리스와 스미스(Morris and Smith)의 『지형, 뉴질랜드의 형성(Landforms, the shaping of New Zealand)』, 그리고 캔터베리 대학출판부(Canterbury University Press)의 『남알프스의 융기와 삭박(The rise and fall of Southern Alps)』이다.

인문지리 분야에 필자의 소양이 부족하여 뉴질랜드의 인문지리 현상을 심도 있게 살펴보지 못한 것을 유감으로 생각한다. 부분적으로 거론한 이야기도 필자의 편견이 많을 것으로 생각되어 독자의 양해를 구하는 바이다. 또한 저작권 문제로 기존의 잘 그려진 지도를 사용하지 못하고, 직접 그린 조잡한 지도들을 수록하여 독자들에게 미안함을 금할 수 없다.

끝으로 이 책에 많은 사진을 제공해 준 송언근 교수, 편집을 모두 맡아준 이윤화 선생, 교정과 윤문에 도움을 준 손인옥, 허정임 선생에게 감사하며, 이 책의 출판에 흔쾌히 응해주신 도서출판 한울의 김종수 사장께도 감사를 드린다.

2006년 8월

조화룡

차례

머리말 4

제1부 전체로서의 뉴질랜드

01 남태평양의 섬나라__ 10
02 우리나라보다 넓은 면적에 고작 400만 인구__ 13
03 해저에 숨어 있는 넓은 대륙 지각__ 17
04 오래된 지질과 최근에 형성된 지질__ 20
05 지각판의 경계에 걸터앉은 뉴질랜드__ 25
06 세계 최대를 기록하는 지각 변동__ 29
07 해양성 기후__ 33
08 카우리 소나무와 고사리 나무__ 37
09 원주민 마오리족과 사이좋게 지내는 이주 백인__ 43
10 마오리 회의장에서 열린 학회 개회식__ 47
11 목양 중심의 뉴질랜드 목축업과 농업__ 49
12 해안에 주로 분포하는 인구와 도시__ 52
13 뉴질랜드의 간추린 역사__ 49

제2부 북도의 여러 지역

14 북도의 지역 구분__ 60
15 지협에 위치해 있는 오클랜드__ 67
16 화산 지형에 건설된 오클랜드 시가지__ 69
17 문화, 관광의 도시 오클랜드__ 72
18 90마일 비치__ 75
19 뉴질랜드 개척의 역사가 깃든 베이 오브 아일랜드__ 78
20 휴양 도시 타우랑가__ 81
21 화산 관광지 로토루아__ 85

22 뉴질랜드 최대의 타우포 호수__ 90

23 화산 공원 통가리로 국립공원__ 93

24 고립 화산 에그몬트__ 95

25 뉴질랜드의 과일 바구니 호크 베이__ 98

26 단구 지형이 발달한 왕가누이 시 주변 지역__ 101

27 활단층을 타고 앉은 수도 웰링턴__ 104

28 단층 지형의 모식지 와이라라파 단층__ 109

29 융기 비치 투라키라에 곶__ 115

제3부 남도의 여러 지역

30 남도의 지역 구분__ 120

31 남·북도 간의 좁은 해협, 쿡 해협__ 127

32 지형적으로 흥미로운 넬슨 시 주변 지역__ 130

33 페어웰 사취와 골든 베이__ 133

34 포도주의 명산지 블레넘__ 136

35 생태 관광의 명소 카이코우라__ 139

36 뉴질랜드 최대의 캔터베리 평야__ 142

37 공원처럼 아름다운 크라이스트처치__ 145

38 빙하 지형이 탁월한 웨스트랜드__ 149

39 웨스트랜드 국립공원__ 152

40 남알프스의 세 고개__ 157

41 아름다운 빙하호__ 160

42 관광 및 레저의 명소 퀸즈타운__ 164

43 피오르드랜드 국립공원__ 168

44 준평원 경관을 보이는 오타고 지방__ 173

45 스코틀랜드풍의 더니든 시__ 176

46 신기한 구형의 돌 모에라키 볼더__ 181

이야기를 마치며 183

참고문헌 185

찾아보기 189

제1부

전체로서의 뉴질랜드

01 남태평양의 섬나라

02 우리나라보다 더 넓은 면적에 고작 400만 인구

03 해저에 숨어 있는 넓은 대륙 지각

04 오래된 지질과 최근에 형성된 지질

05 지각판의 경계에 걸터앉은 뉴질랜드

06 세계 최대를 기록하는 지각 변동

07 해양성 기후

08 카오리 소나무와 고사리 나무

09 원주민 마오리족과 사이좋게 지내는 이주 백인

10 마오리 회의장에서 열린 학회 개회식

11 목양 중심의 뉴질랜드 목축업과 농업

12 해안에 주로 분포하는 인구와 도시

13 뉴질랜드의 간추린 역사

세계를 육지가 가장 많이 포함되는 육반구와 바다가 가장 많이 포함되는 수반구로 나눌 때, 육반구의 중심에 영국이 위치해 있고, 수반구의 중심에 뉴질랜드가 위치하고 있다는 것은 잘 알려진 사실이다. 이것은 뉴질랜드가 주변에 육지가 적고, 거의 바다로만 이루어져 있어 세계 다른 나라들과 가장 많이 격리되어 있는 나라임을 의미한다.

　북섬의 오클랜드(Auckland)에서 오스트레일리아 시드니(Sydney)까지의 직선거리는 대략 2,600km, 아르헨티나의 부에노스아이레스(Buenos Aires), 미국의 로스앤젤레스(Los Angeles), 한국의 서울, 인도의 콜카타(Kolkata), 아프리카의 마다가스카르(Madagascar)까지의 거리는 대략 1만 km이다. 그래서 세계 인구 밀집지들의 대부분이 뉴질랜드로부터 1만 km선 바깥쪽에 위치하고 있다고 할 수 있다.

　뉴질랜드는 북섬, 남섬, 스튜어트 섬을 포함한 중심부만을 고려했을 때 대략 동경 167~178° 사이에 위치하고 있어 날짜 변경선에 아주 근접해 있는 나라이다. 우리나라보다 2시간 빠른 지방시를 쓰고 있으며, 여름에 썸머타임을 하면 3시간 빠르다. 위도상으로는 대략 남위 34~47° 사이에 위치하고 있어, 북도는 우리나라와 비슷한 남반구 위도대에 있지만, 남도는 더 고위도 지방이다. 그러나 주변 먼바다에 흩어져 있는 작은 섬들까지 고려하면 가장

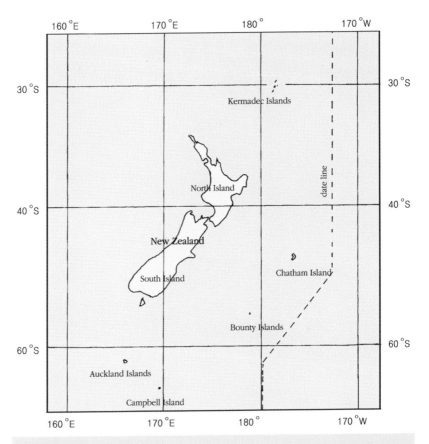

그림 1-1_ 뉴질랜드의 위치

뉴질랜드는 날짜 변경선(경도 180°선) 서쪽에 바로 접해 있고 차탐 섬은 날짜 변경선 동쪽에 위치한다.

동쪽에 있는 차탐(Chatham) 섬의 동단은 날짜 변경선을 넘어 서경 176°에 이르고, 참프벨(Champbell) 제도의 남단은 남위 53°, 케르마덱(Kermadec) 제도의 북단은 남위 29°이다.

필자가 오클랜드 대학의 연구교수로 가기 전에 그곳 친구에게 작은 아파트를 얻어달라고 부탁했더니 남향집을 얻었다고 연락해 왔다. 햇빛이 잘

드는 집이겠구나 상상하고 가보았더니, 일 년 내내 햇빛이 들지 않았다. 계절이 우리나라와 반대라는 것은 알고 있었지만, 남반구에 위치해 있기 때문에 북향 집이 햇빛이 잘 든다는 것을 미처 모르고 간 것이다.

02 우리나라보다 넓은 면적에 고작 400만 인구

뉴질랜드의 총면적은 27만 km²로 우리나라 남북한을 합친 면적보다 약 5만 km² 더 넓다. 뉴질랜드는 남도와 북도, 크게 두 개의 섬으로 나누어져 있고, 북도가 12만 km², 남도가 15만 km²로 남도가 조금 더 크다. 두 섬 사이의 해협이 쿡 해협(Cook Strait)으로, 가장 좁은 폭이 20km이다. 북도의 웰링턴(Wellington)에서 남도의 픽턴(Picton)까지 뱃길로 약 3시간 30분 정도 걸리는데, 경치가 매우 아름답다.

뉴질랜드는 해안선이 매우 길지만 섬의 수가 많지 않고, 큰 섬도 남도와 북도를 제외하고는 없다. 세 번째로 큰 섬이 남도의 남쪽 끝에 위치하는 스튜어트(Stewart) 섬으로 면적이 1,700km²이다. 먼바다에는 북쪽에 케르마덱 제도, 동쪽에 차탐 제도, 보운티(Bounty) 섬, 안티포데스(Antipodes) 섬, 남쪽에 오클랜드(Auckland) 섬, 참프벨 섬 등 작은 섬들이 흩어져 있다.

뉴질랜드의 인구는 2003년 여름에 400만 명을 돌파했다는 방송을 들었다. 이 인구는 우리나라 남북한 인구의 약 1/15이다. 이 인구의 약 2/3가 북도에 살고 있으며, 오클랜드 시 인구는 100만 명이 넘는다. 주민의 약 75%가 유럽계 백인인데, 이들은 18세기 중엽부터 이주해 왔으며, 이들을 이 지역에서는 '키위(Kiwi)'라 부른다. 키위라는 이름은 뉴질랜드를 상징하는 새의 이름도 되고, 또 뉴질랜드의 세계적인 수출품인 과일의 이름이기도 하다.

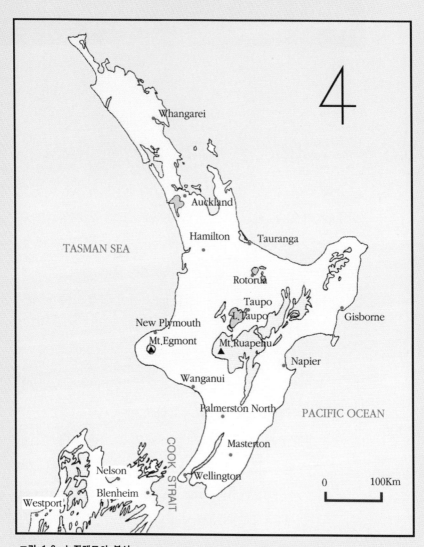

그림 1-2_ 뉴질랜드의 북섬

척량 산맥이 북동-남서 방향으로 형성되어 있고, 섬 중앙에 유명한 화산인 루아페후 산(높이 2,797m)과 타우포 호수(면적 619km²)가 있다. 뉴질랜드 제1의 도시 오클랜드는 북쪽에, 행정수도 웰링턴은 남쪽 끝에 위치해 있다.

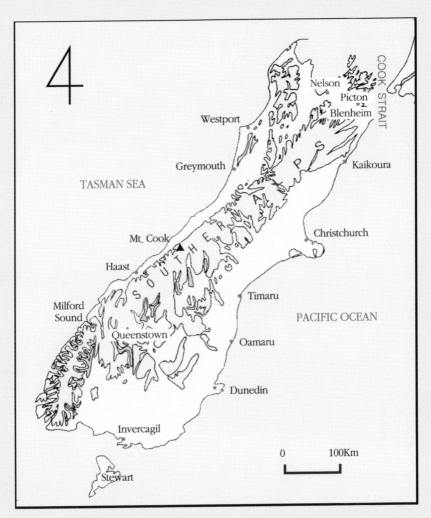

그림 1-3_ 뉴질랜드의 남섬

남알프스 산맥과 알파인 단층이 서쪽으로 치우쳐 달리고 있으며, 그 중앙에 뉴질랜드 최고봉 쿡 산 (3,764m)이 솟아 있다. 남알프스 동쪽에는 큰 빙하호들이 분포하고 남도의 두 중심 도시 크라이스트처치와 더니든이 동해안에 분포해 있다.

유럽계 백인이 이주하기 전부터 살고 있던 원주민은 폴리네시아계의 '마오리(Maori)'족으로 이들이 전체 인구의 약 16%를 차지한다. 나머지 9~10%가 주로 최근에 이주한 아시아계 주민들이고, 한국계 이민은 전체 인구의 약 1%이다.

03 해저에 숨어 있는 넓은 대륙 지각

　뉴질랜드에는 건조 지형을 제외하고 모든 지형이 다 있으며, 참으로 모식적(模式的)이다. 그래서 지형이 전공인 필자는 뉴질랜드 생활 일 년 동안, 이들 지형들을 돌아보러 다니느라 아주 바빴고, 또 즐거웠다. 『뉴질랜드 지리이야기』도 지형 이야기가 대부분을 차지하기 때문에 좀 딱딱하지만 여기쯤에서 뉴질랜드 전체의 지체 구조를 개관해 보는 것이 앞으로의 각 지역 이해에도움이 될 것이다.

　〈그림 1-4〉에서 볼 수 있는 것과 같이 뉴질랜드에서 현재 해면 위로 드러나 있는 부분은 바다 밑에 잠겨 있는 대륙 지각(New Zealand Sub-continent)의 극히 일부분에 지나지 않는다. 이 거대한 뉴질랜드의 침수 대륙 지각은 약 1억 4,000만 년 전에 남반구의 고대륙이었던 곤드와나(Gondwana) 대륙의 동쪽 가장자리에서 분리되고, 그 사이에 태즈먼(Tasman) 해가 생겨 해저 확장을 계속함에 따라 동쪽으로 표류해서 현재의 위치에 이르렀다.

　해저 대륙 지각은 뉴질랜드 남동부에 캄프벨 고원(Campbell plateau), 차탐 융퇴(Chatham rise)를 형성하고 있고, 북서부에는 로드 하우 융퇴(Lord Howe rise), 노퍽 릿지(Norfork ridge)를 형성하고 있다.

　이들 침수 대륙 지각의 표면 수심은 250~1,250m이며, 안쪽의 노출된 뉴질랜드와는 완만한 경사로 연결되지만, 바깥쪽의 수심 4,000m 이상의 심

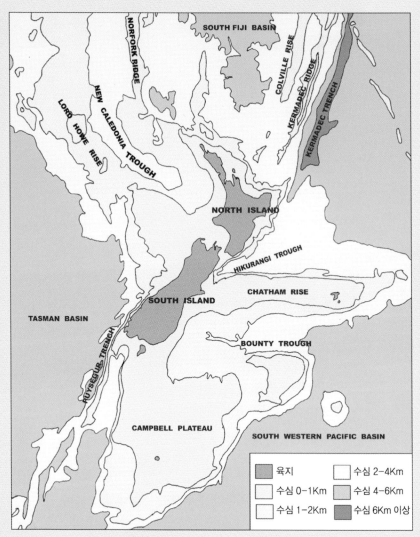

그림 1-4_ 뉴질랜드 대륙 지각(Kamp, 1992를 바탕으로 재작성)

수심 대략 2km까지가 뉴질랜드 침수 대륙 지각으로, 해면상에 드러난 지각보다 5배 이상 넓다.
남동쪽에 캄프벨 고원, 차탐 융퇴가 있고, 북서쪽에 로드 하우 융퇴, 노퍽 릿지, 케르마덱 릿지가
침수되어 있다. 케르마덱 해구, 히쿠랑기 해구, 알파인 단층, 푸이세굴 해구로 연결되는 선이
태평양 지각판과 오스트레일리아 지각판의 경계이다.

해저와는 가파른 경사로 경계를 이루고 있다.

　뉴질랜드 북동부에 케르마덱(Kermadec) 해구가 있고 이것은 그보다 북쪽의 통가(Tonga) 해구와 연결된다. 북북동-남남서 방향의 이들 해구는 6,000m 이상의 수심을 보이고, 최대 수심은 1만 m를 넘는다. 케르마덱 해구의 남쪽 연결로 보이는 히쿠랑기(Hikurangi) 해구가 북도의 동쪽 해안을 따라 형성되어 남도의 북쪽 해안까지 계속되면서 침수 대륙 지각을 쐐기처럼 찢고 있는 모습을 하고 있다. 한편 남도의 서남쪽에 길이가 약 350km인 푸이세굴(Puysegur) 해구가 형성되어 있다.

　이와 같이 뉴질랜드 주변 해저에는 해면 위에 드러난 육지 면적의 약 5배에 달하는 대륙이 얕은 수면 아래 침수되어 있는 한편, 북동쪽과 남서쪽에 수심 6,000m가 넘는 좁고 깊은 바다, 즉 해구가 섬의 방향과 일치하는 북동-남서 방향으로 형성되어 있다.

04 오래된 지질과 최근에 형성된 지질

뉴질랜드의 지질은 매우 깊이 연구되어 자세한 지질도가 나와 있지만 이를 최대한 단순화시켜 살펴보면 다음과 같다. 먼저 뉴질랜드 지질은 중생대 백악기 이전에 형성되어 기반암이 되어 있는 기반 지질군과 신생대에 형성되어 기반암을 덮고 있는 피복 지질군으로 나눌 수 있다.

기반 지질군은 서부 지질군과 동부 지질군으로 다시 나눌 수 있다. 서부 지질군은 가장 오래된 지질군으로 이를 곤드와나 암군(Gondwana rocks)이라 한다.

이 암군은 6억 년 이전의 선캄브리아기로부터 약 3억 5,000만 년 전에 끝난 고생대 데본기까지 형성되었으며, 화강암 및 화강편마암 등으로 이루어졌다. 남도의 웨스트랜드(Westland, 알파인 단층 서쪽 해안 지역), 그리고 피오르드랜드[Fiordland, 남도의 서남해안으로 협만(fjord) 지형이 매우 발달해 있는 지역에 분포하고 있다. 육상 분포는 그 면적이 작지만 해저 침수 대륙에는 상당히 넓게 분포한다. 이 지질은 남반구의 고대륙 곤드와나 대륙의 일부가 중생대 백악기 말에 분리되어 나와 뉴질랜드의 서부 지역에 분포하고 있는 것으로 추정하고 있다.

동부 지질군은 도호암군(島弧岩群, Arc rocks)과 토레스(Torlesse) 암군으로 나눌 수 있다. 보다 오래되고 서쪽에 분포하고 있는 도호암군은 고생대

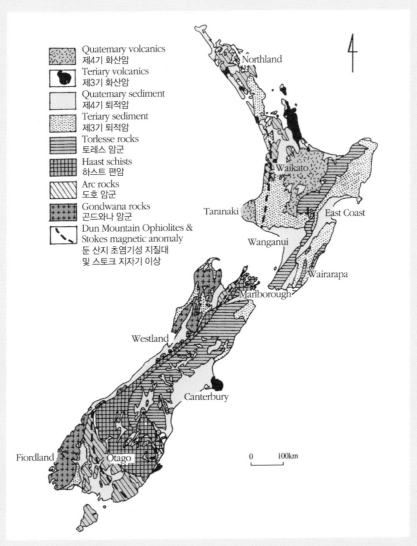

그림 1-5_ 뉴질랜드의 지질 분포(Kamp, 1992; Coates, 2002의 지도를 기초로 재작성)

뉴질랜드 기반 지질은 서쪽이 오래되었고, 동쪽으로 갈수록 이후에 형성되었다. 북도는 제3기 화산암과 퇴적암의 분포 면적이 넓다.

석탄기에서 중생대 백악기 전기까지 형성되었다. 이 암군은 화산암 및 화산재를 많이 포함한 해성층으로 곤드와나랜드 주변에 형성되었던 도호 및 대륙붕과 관련되어 형성된 퇴적암인 것으로 추정하고 있다. 이 지질은 남도의 남부 사우스랜드(Southland) 및 오타고(Otago) 지방, 북부의 넬슨(Nelson) 지방, 그리고 북도의 서해안 지역에 단편적으로 분포한다.

이 지질대 내부에는 뉴질랜드 지각 변동을 추정할 수 있는 중요한 단서 지층(key bed)인 '둔 산지 초염기성 지질대(Dun mountain ophiolite belt)'가 남북으로 좁고 길게 형성되어 있다. 둔 산지란 암갈색의 빛을 띠는 민둥산을 말하는데, 이 산지는 고생대 페름기에 형성되었고 감람석, 휘석 등 초염기성암(超鹽基性岩)으로 이루어졌으며 철, 마그네사이트 등 많은 지하자원을 매장하고 있다. 식물이 자라지 못해 검붉은 바위가 노출되어 있어서 이 지질로 이루어진 산들에 둔 마운틴(Dun mountain), 레드 힐(Red hill), 레드 마운틴(Red mountain) 등의 지명이 붙어 있다. 이 지질대를 따라 지자기(地磁氣) 이상이 나타나는데 이것을 '스토크 지자기 이상대(stokes magnetic anomaly)'라고 한다.

도호암군 동쪽에 뉴질랜드에서 가장 넓은 기반 지질인 토레스 암군이 남도와 북도에 걸쳐서 넓게 분포한다. 토레스라는 이름은 남도의 토레스 지방에 모식지가 분포한다고 붙여진 것이다. 이 암군을 구성하는 대부분의 암석은 그레이와크(Graywack, 실트질 회색 사암층)이다. 고생대 석탄기 중기로부터 중생대 백악기 말까지의 지질 시대에 형성된 해성층이며, 점토질이 약간 섞인 사암으로 얇은 층리가 잘 발달되어 있다. 생물 화석이 매우 적으며, 화산암 및 화산재를 거의 포함하고 있지 않은 것이 도호암군과 다르다. 그래서 지질학자들은 이 지질을 대륙사면 기저부에 형성된 대륙융퇴(大陸隆堆, continental rise)의 퇴적물로 추정하고 있다. 그레이와크는 경암이고 또한 침식에 강하여 남도와 북도에서 높은 산지를 이루고 있다. 도호암군과 토레스 암군의 일부가 높은 압력과 열을 받아 변성된 편암을 하스트(Haast) 편암이라 하는데, 이는 도호암군과 토레스 암군 사이에 끼어 있으며, 남도의 알파인 (Alpine) 단층에 인접해서 분포하고 있다.

기반암 위를 덮고 있는 피복층은 제3기층, 제4기층, 제3기 화산암 및 제4기 화산암으로 나눌 수 있다. 제3기층은 북도의 동해안과 서해안에 넓게 분포하며, 대부분이 해성층이다. 그러나 남도에는 일부 지역에 아주 단편적으로 분포한다. 이와 같이 제3기층이 남도에 단편적으로 분포하고 있는 것은 북도와는 달리 남도의 대부분 지역이 빠른 속도로 융기하여 제3기층의 대부분이 침식되었기 때문이다.

제4기층은 북도의 와이카토(Waikato), 왕가누이(Wanganui), 호크스 베이 (Hawke's Bay) 지방에 넓게 분포하고, 남도에는 캔터베리(Canterbury), 웨스트랜드 지방에 넓게 분포한다. 왕가누이 지방과 호크스 베이 지방은 해성층이 대부분이며, 캔터베리 지방은 대규모 선상지, 웨스트랜드 지방은 빙하 퇴적물이 대부분이다.

제3기 화산암은 북도의 북서부 노스랜드(Northland) 지방 그리고 남도의 동해안 지방에 단편적으로 분포한다.

제4기 화산암은 북도의 중앙부에 북도에서 가장 높은 산인 루아페후 (Ruapehu) 산에서부터 북쪽으로 칼데라 호인 타우포(Taupo) 호, 로토루아 (Rotorua) 호, 플렌티(Plenty) 만의 화이트 아일랜드(White Island)에 이르는 지역에 분포하여, 남쪽이 뾰족하고 북쪽으로 갈수록 넓어지는, 마치 쐐기 모양의 분포를 하고 있는데, 이것을 타우포(Taupo) 화산대라 한다. 이 지대의 화산들은 최근까지 분출을 계속했으며, 풍광이 아름다워 뉴질랜드의 유명한 관광지이다.

요약해서 남도는 오래된 기반 지질이 넓게 분포하고, 퇴적암과 변성암 중심의 지질인 데 비해, 북도는 제3기 및 제4기의 피복 지질이 넓게 분포하며, 화산암의 분포 면적도 넓다. 지형적으로도 북도에는 화산 지형이 유명하고, 남도에는 빙하 지형이 유명하다.

05 지각판의 경계에 걸터앉은 뉴질랜드

  뉴질랜드는 약 2,500만 년 전부터 현재까지 태평양 지각판과 인도-오스트레일리아 지각판이 충돌하고 있는 경계에 걸터앉아 지형 발달을 해왔다.
  〈그림 1-6〉에서 볼 수 있는 것과 같이, 태평양 해양 지각판은 케르마덱 해구와 연결되는 히쿠랑기 해구를 따라서 인도-오스트레일리아 대륙 지각판인 북도 밑으로 휘어져 들어가는 운동, 즉 섭입(攝入, subduction)을 하고 있다. 이와 같은 현상은 북도의 심발지진 진앙지 분포로도 알 수 있다. 즉 북서쪽으로 갈수록 진앙지의 심도가 깊어지고 있는 것은 휘어져 들어가는 해양 지각판의 경계가 점점 깊어지기 때문이며, 이는 베니오프(Beniof) 모델을 잘 반영한다. 그 섭입 속도는 북도의 호크(Hawke) 만 앞에서 연간 54mm, 남도의 말보로(Marlborough) 해안에서 47mm로 남쪽으로 갈수록 줄어든다.
  한편, 남도의 남서쪽 푸이세굴 해구에서는 북섬의 그것과는 방향이 반대로, 인도-오스트레일리아 해저 지각판이 서쪽에서 동쪽으로 태평양 대륙 지각인 남도 밑으로 연간 45mm 속도로 섭입한다. 여기의 심발지진 진앙지 분포는 북도와 반대로 동쪽으로 갈수록 진앙지가 깊어지고 있다.
  이와 같이 뉴질랜드는 북도에서는 태평양 해양 지각이 동쪽에서 서쪽으로 섭입하고, 남도 남서쪽에서는 인도-오스트레일리아 해양 지각판이 서쪽에서 동쪽으로 섭입한다. 그 사이, 즉 말보로 해안에서 밀포드(Milford) 해안까지는

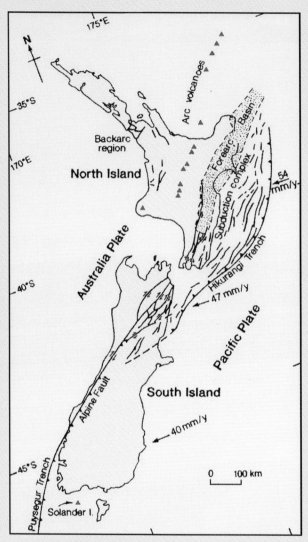

그림 1-6_ 뉴질랜드의 판 구조(Kamp, 1992를 바탕으로 재작성)

뉴질랜드는 태평양 판과 인도-오스트레일리아 판의 경계에 형성되어
있으며, 이 경계는 히쿠랑기 해구, 알파인 단층, 푸이세굴 해구로 연결
되는 선이다.

지각판의 경계가 남도를 북동-남서 방향으로 가로지르면서 유명한 알파인 단층을 형성하는데, 이 단층을 경계로 수평적으로는 남도의 남동쪽 지괴가 남서쪽으로 미끄러지고[우수주향 이동 단층운동(dextral strike slip movement)], 또한 수직적으로는 남도의 남동쪽 지괴가 서쪽으로 밀려 올라가는 운동(역단층운동)을 하고 있다.

히쿠랑기 해구와 푸이세굴 해구 지역을 따라서는 대륙 지각과 해양 지각이 수렴하고 있지만, 알파인 단층을 따라서는 대륙 지각과 대륙 지각이 수렴하고 있다. 이것은 북도와 남도의 지질 분포의 차이를 초래한다. 북도는 대륙 지각과 해양 지각이 수렴하고 있기 때문에 해저 퇴적물의 계속적인 부가(付加) 현상으로 해저가 점차로 육지로 바뀌어 제3기 후기 및 제4기 지층이 풍부하다. 그러나 남도는 대륙 지각과 대륙 지각이 수렴하면서 전체가 계속 융기하고 있기 때문에 융기한 지표면이 계속 침식을 받아 그 밑에 놓여 있던 기반 지질이 넓게 노출되고, 제3기층과 제4기층은 단편적으로만 분포하게 되었다.

알파인 단층은 남도의 북동부에 이르러 크게 네 갈래로 나누어진다. 북쪽에서부터 와이라우(Wairau), 아와테레(Awatere), 크라렌스(Clarence), 호프(Hope) 단층이 그것이다. 그래서 이들 모두를 합쳐서 알파인 단층계라 한다. 이 중에서 아와테레 단층과 크라렌스 단층은 북도에서 웰링턴 단층, 와이라라파(Wairarapa) 단층으로 연결된다. 이들 모든 단층이 우수주향 이동 단층운동을 하고 있는 활단층이다. 따라서 북도와 남도의 남동쪽 부분이 남서쪽으로 서서히 미끄러지고 있음을 알 수 있다.

이와 같이 2,500만 년 전부터 뉴질랜드는 지각판 수렴대 속에 들어 있어서 지각이 융기하고 단축(短縮)되는 운동을 하고 있는데, 이 운동을 카이코우라(Kaikoura) 조산 운동이라 한다. 이 명칭은 산맥과 반도의 명칭에서 유래되

사진 1-1_ 카이코우라 산맥과 만

뒤쪽 눈 덮인 산맥이 해발 2,000m가 넘는 카이코우라 산맥이고, 그 앞쪽으로 태평양 지각판과 인도-오스트레일리아 지각판의 경계인 호프 단층이 지나고 있다.

었다. 즉 호프 단층의 북측을 연하여 카이코우라 산맥이 있고 남측에는 카이코우라 반도가 있으며, 그 사이의 만을 카이코우라 만이라 하는데, 히쿠랑기 해구가 이 만까지 연결된다. 다시 말해서 이 지점은 해구가 육상의 단층으로 바뀌고, 대륙 지각판과 해양 지각판의 수렴으로부터 대륙 지각판과 대륙 지각판이 충돌하는 장으로 바뀌는 곳으로, 지형학자들에게는 흥분을 감출 수 없는 곳이라 할 수 있다.

또한 이곳은 향유고래가 많이 서식하고 있어서 수많은 관광객이 모여드는 유명한 생태 관광지이기도 하다. 향유고래가 이곳에 많은 이유는 깊은 해구가 해안 가까이까지 연결되어 있어, 이 해안에 먹이(오징어)를 찾아 모여들기 때문인 것으로 보고되고 있다.

06 세계 최대를 기록하는 지각 변동

앞에서 살펴본 것과 같이 뉴질랜드 대부분의 주요 활단층이 북동-남서 방향으로 형성되어 있고, 우수주향 이동을 하고 있다. 활단층이란 지금도 지진과 단층운동을 계속하고 있는 단층을 말하며, 우수주향 이동 단층이란 수평적으로 미끄러지는 단층으로 단층선을 향해 섰을 때 단층선 건너편 지괴가 보는 사람의 오른쪽으로 미끄러지는 단층을 말한다. 뉴질랜드의 활단층 중에서 그 운동량이 가장 큰 알파인 단층을 예를 들어 살펴보면 다음과 같다.

'둔 산지 초염기성 지질대'상에서 약 2,500만 년 전에는 붙어 있었던 것으로 추정되는 산지가, 현재는 그 한쪽이 밀포드 사운드(Milford Sound) 부근에서 알파인 단층 바로 동쪽에 레드 마운틴(1704m)이라는 이름으로 있고, 다른 한쪽은 넬슨 시 부근에서 알파인 단층의 바로 서쪽에 레드 힐 (1,791m)이라는 이름으로 있다. 이 두 산지 간의 거리가 현재 480km이기 때문에 알파인 단층은 2,500만 년 동안 480km, 즉 연평균 19mm/y의 속도로 횡변이한 셈이다. 그런데 지질학자들은 이 변이 속도가 현재로 오면서 점차 증가하고 있다고 설명하고 있다.

최근에 인공위성에 장착된 고성능 GPS로 mm 단위의 측정이 가능하게 되었다. 그래서 비벤 외(Beaven et al., 1999)는 이를 이용하여 남도 중부 지방 115개 지점에 대해 1994년부터 1998년까지 이들 지점들의 공간 이동량

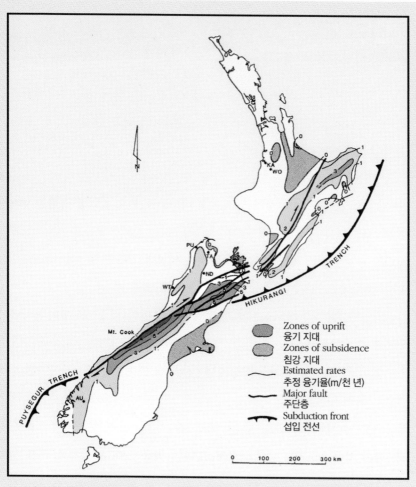

그림 1-7_ 제4기 후기 뉴질랜드의 지반 운동(William, 1991을 바탕으로 재작성)

을 측정했다. 그 결과 알파인 단층 동쪽의 지점들이 연간 평균 30mm 정도씩 남서쪽으로 이동하고 있는 것이 밝혀졌다. 그러나 알파인 단층 서쪽 지역의 지점들은 공간 이동이 거의 없었다고 보고하고 있다.

이와 같이 알파인 단층은 연평균 20~30mm씩 횡변이 운동을 하지만,

이 운동은 매년 조금씩 계속하는 것이 아니라 대개 100~300년 동안 축적되었다가 한꺼번에 대지진을 동반하며 3~9m씩 이동한다. 1460, 1630, 1717년에 큰 지진이 있었으며, 1717년에는 8m 정도 변위(變位)되었고 375km에 걸쳐서 파열된 단층애가 나타났다. 그러나 이후 300년 가까이 지났음에도 불구하고, 큰 운동이 없어 가까운 장래에 큰 지진이 예상되고 있다(Coates, 2002).

〈그림 1-7〉은 제4기 후기 뉴질랜드 각지의 지반 운동률을 나타낸 것이다(Williams, 1991). 융기율이 가장 높은 곳은 알파인 단층의 바로 동쪽 지역으로 최대 10mm/y에 이른다. 그래서 이곳의 지형이 알파인 단층 동쪽을 따라 마치 병풍을 쳐둔 것처럼 가파른 산지가 연속적으로 형성되어 있는데 이 산맥이 남알프스(Southern Alps) 산맥이고, 뉴질랜드 최고봉인 쿡 산(3,764m)을 비롯하여 3,000m 이상의 높은 산이 19개나 이 산맥에 분포하고 있다. 다음으로 지반의 융기율이 높은 곳은 카이코우라 산지가 5mm/y, 북도의 이스트 곶(East Cape) 지역이 3mm/y 등이다.

한편으로 침강하고 있는 지역도 있다. 북도의 타우포(Taupo) 화산대는 섭입대 후면의 화산대로서 분열되고 있으며, 동시에 침강하고 있다. 남도에서는 말보로 사운드가 침강하고 있어서 리아스(rias)식 해안을 이루고 있고, 캔터베리 지역은 퇴적물 무게 때문에 침강하고 있다. 캔터베리 평야는 남알프스 산지로부터 침식된 막대한 퇴적물이 여러 개의 하천에 의해 운반, 퇴적되어 거대한 복합 선상지를 이루고 있는 평야이다.

〈그림 1-8〉은 남알프스 산지의 융기와 침식을 모식적으로 나타낸 것이다. 남알프스 산지가 지금과 같은 속도로 계속 융기만 하고 침식이 이루어지지 않았다면 약 500만 년 동안 2만 m가 넘는 산맥을 형성했을 것이다. 그러나 현재 이 산맥은 3,000m 전후의 고도를 이루고 있다.

남알프스 산맥 서사면은 탁월풍인 편서풍이 지형성 강수를 일으키는 곳으

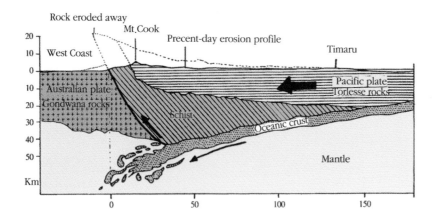

그림 1-8_ 최근 500만 년 동안의 남알프스 산지의 융기와 침식(Coates, 2002의 자료를 기초로 재작성)

남알프스 산맥은 최근 500만 년 동안 20km 정도 융기했으나 계속된 침식으로 3km 전후의 높이를 유지하고 있다.

로 연 강수량이 6,000mm에 이르고, 많은 곳은 1만 mm가 넘는 곳도 있다. 또 높은 산지에는 눈으로 내려 빙하를 형성한다. 따라서 이 산지는 하천, 빙하, 매스 무브먼트(mass movement) 등의 침식 기구에 의해 활발한 침식이 이루어지고 있기 때문에 융기한 산지 고도의 대부분이 침식되어 지금과 같은 높이를 유지하고 있는 것으로 해석되고 있다.

07 해양성 기후

　뉴질랜드는 일 년 내내 크게 덥지도 춥지도 않는 상춘의 나라이다. 기온의 연변화가 이와 같이 작은 것은 바다 가운데 위치하는 섬나라이고, 또 편서풍 지대에 위치하여 바다의 영향을 크게 받고 있기 때문이다. 뉴질랜드의 중앙에 위치하고 있는 웰링턴 시의 월평균 최고 기온이 여름인 12, 1, 2월에 대략 20℃, 겨울인 6, 7, 8월에 대략 12~13℃이며, 월평균 최저 기온은 여름에 13℃, 겨울에 6~7℃이다. 그래서 일 년 내내 꽃이 피며, 또 핀 꽃이 참으로 오래가는 것이 특색이다. 우리나라에서 3일 만에 꽃이 피었다 떨어지는 목련이 뉴질랜드에서는 한 달 넘게 피어 있다.

　강수량도 해양성 기후의 특색을 보여 계절 차가 작다. 그러나 일반적으로 겨울철인 6, 7, 8월에 비가 많이 오고, 여름철인 12, 1, 2, 3월에 적게 온다. 그래서 여행하기 가장 좋은 시기는 12월에서 다음해 3월까지로 이때는 따뜻하고, 맑은 날씨, 깨끗한 공기, 아름다운 꽃들로 정말 환상적인 환경이다.

　뉴질랜드는 강수량의 계절 차는 작은 반면, 지역 차는 매우 크다. 그것은 남도와 북도에 북동-남서 방향의 등뼈 산맥이 형성되어 있으며, 일 년 내내 편서풍이 탁월하여 바람받이 지역인 서부 지역은 강수량이 많고, 바람의지 지역인 동부 지역은 강수량이 적기 때문이다. 강수량이 가장 많은 곳은 남알프스 산맥 서사면으로, 특히 피오르드(Fiord) 지방은 연 강수량 7,000mm에

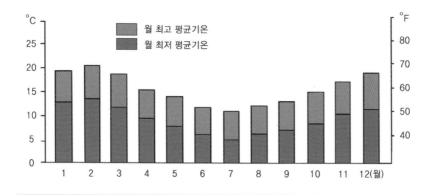

그림 1-9_ 웰링턴 시의 월별 최고, 최저 평균기온

여름의 월평균 최고 기온이 20℃ 전후이고, 겨울의 월평균 최저 기온이 6~7℃ 정도이다.

이르고, 산지 중 일부 지역은 1만 mm를 넘는 곳도 있다. 그러나 남알프스 산맥 동쪽인 남도의 동남부 지역은 연 강수량 800mm 이하의 강수를 보이는 지역이 넓으며, 특히 오타고 지방 중앙부 일부는 연 강수량이 300mm에 불과한 지역도 있다. 캔터베리 평야 등 평지가 많은 남도의 동부 지역에 밀, 감자, 채소 등을 대규모로 재배하는 농업 지역을 여행하면 길이 100m가 넘는 대형 스프링쿨러가 회전하거나 천천히 왕복하면서 물을 뿌리고 있는 것을 많이 볼 수 있다.

뉴질랜드 날씨는 연변화가 작은 반면, 일변화는 큰 편이다. 아침에 활짝 갠 날씨를 보고도 낮에 비를 맞을 수 있고, 오후에 또 다시 갠 날을 맞을 수 있는 경우가 많다. 그래서 항상 휴대가 간편한 우산을 가지고 다녀야 한다. 기온도 맑은 날에는 일사가 강하여 햇볕이 따갑고 약간 더운 편이지만 구름이 끼고 비가 오면 쌀쌀함을 느낀다. 여행을 할 때 가벼운 옷차림에 스웨터를 하나 준비해 허리에 묶고 다니면 날씨 변화에 잘 적응할 수 있다.

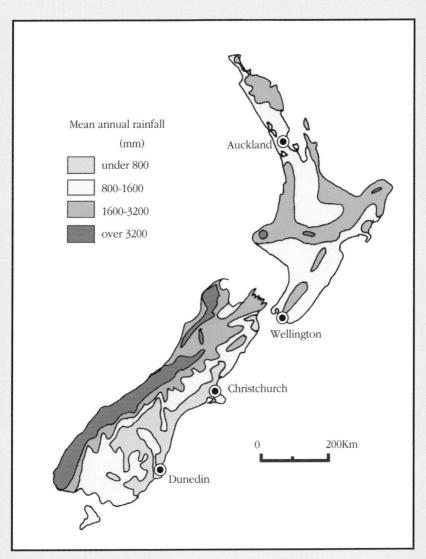

Mean annual rainfall
(mm)
under 800
800-1600
1600-3200
over 3200

Auckland

Wellington

Christchurch

0   200Km

Dunedin

그림 1-10_ 뉴질랜드의 강수량 분포

남알프스 산맥 서사면은 세계적인 다우지이지만, 동쪽은 과우지로 오타고 일부 지방은 반건조 기후를 이룬다.

뉴질랜드의 이와 같은 날씨 때문에 거리의 옷차림이 다양하다. 민소매에 반바지를 입은 사람이 있는가 하면 스웨터에 가죽 잠바를 입은 사람도 있어 같은 날에 사계절의 옷차림을 다 볼 수 있다.

08 | 카우리 소나무와 고사리 나무

　뉴질랜드의 삼림은 원래부터 있었던 자연림과 외래 수입종을 심어서 형성된 인공림으로 대별된다. 자연림은 전체 삼림 면적의 2/3를 넘지만 대개 경사가 급하고 고도가 높은 지역에 분포하며, 임상(林相)은 침엽수 교목과 하층에 밀생하는 관목으로 이루어져 있다.

　뉴질랜드 원산의 교목 중에서 제왕적인 수종이라 할 수 있는 나무가 카우리(kauri) 소나무이다. 그런데 이 나무의 성장 습성이 아주 흥미롭다. 오클랜드 대학 윤홍기 교수의 설명에 따르면, 땅에서 싹이 터서 하층림의 높이(대략 5~10m)까지 자랄 때에는 옆가지를 전혀 내지 않고 장대같이 똑바로 빠르게 성장한다. 그러나 하층림을 모두 제압하고 햇볕을 충분히 받을 수 있는 높이에 이르면 이 지점에서부터 많은 곁가지를 내어 무성히 자라서 마치 긴 자루가 달린 빗자루를 뒤집어 세워둔 것과 같은 수형을 형성한다.

　이 카우리 소나무는 약 2억 년 전 삼첩기 시대부터 뉴질랜드에서 자랐으며, 남도의 크라이스트처치(Christchurch)까지 분포했다는 연구 결과가 있다. 그러나 현재는 대략 남위 36°선(카위아 만~타우랑가 만)을 경계로 북도의 북부 지방에만 분포하고 있다. 이 나무는 조선 및 가구용 목재로 각광을 받아 1790년대 이후 심한 벌채가 이루어졌기 때문에 현재 이들 카우리 삼림들의 대부분은 국가 보호림으로 지정되어 보호를 받고 있다. 북도 노스랜드 지역의 와이포우아(Waipoua) 삼림이 유명하며, 이곳에 높이 51m, 밑둥 둘레 14m, 수령 1,500년의 카우리 나무 등 큰 나무들이 많이 분포한다.

다음으로 인상적인 나무가 고사리 나무(tree fern)이다. 우리나라에서는 고사리가 일년초로 연하고 부드러워 식용 나물로 이용되고 있지만, 뉴질랜드에서는 기온이 영하로 내려가지 않으므로 고사리가 여러 해 동안 계속 자라 아주 큰 나무로 성장한다. 큰 것은 줄기의 직경이 30cm, 키가 5m에 이르며, 아래쪽에 잎이 없는 긴 줄기와 꼭대기에 우산처럼 큰 잎이 펼쳐져 있는 나무이다. 고사리 나무는 음지 식물로서 교목림의 하층수로 자라며, 종의 수가 많고, 곳에 따라서는 고사리 나무 숲을 이루기도 한다. 잎 뒷면에 하얀 은빛이 나는 고사리를 은고사리(silver fern)라 하는데 이것이 뉴질랜드의 상징 식물이다. 그래서 럭비 국가대표팀 유니폼, 엽서 및 상장의 바탕에도 이 은고사리 잎의 그림이 그려져 있다.

또 잎의 크기가 아주 작은 상록 활엽수인 포후투카와(pohutukawa)가 산과 들에 많이 분포하고 있다. 처음 뉴질랜드에 갔을 때 이 나무가 가로수 및 정원수로 많이 심어져 있어서 별로 예쁜 나무도 아닌데 왜 이 나무가 많이 심어져 있는지 의아했었다. 그런데 12월이 되니 이 나무에 붉은 꽃이 피어 전체가 꽃에 뒤덮이는 매우 아름다운 나무로 변했다. 크리스마스 절기에 꽃이 핀다고 해서 크리스마스의 전령사 혹은 크리스

사진 1-2_ 와이포우아 숲의 카우리 소나무
(뉴질랜드 관광청 제공)

사진 1-3_ 고사리 나무가 군락을 이루고 있는 산지사면(로토루아 주변)
작은 사진은 6m 높이의 고사리 나무 개체

마스트리라고도 한다. 뉴질랜드의 12월은 여름이며, 대부분의 사람들이 짧은 옷을 입고 있는데 산타클로스는 긴 털옷을 입고 눈썰매를 타고 오는 것으로 장식하고 있었다.

　뉴질랜드에서 주목해야 할 또 하나의 자연 식생은 맹그로우브(mangrove)이다. 이 맹그로우브는 강물이 바다로 들어가는 하구 내만에 넓게 발달해 있다. 키가 1~3m이며, 촘촘한 숲을 이루는 관목으로 멀리서 보면 평야처럼

사진 1-4_ 막 꽃이 피기 시작하는 포후투카와 나무와 만개한 꽃

보이지만 가까이 가보면 나무 밑에 바닷물이 들어와 있는데, 이 얕은 바다에
서 맹그로우브 습지가 형성되었음을 알 수 있다. 맹그로우브림 역시 남위
36° 이북의 따뜻한 북도의 북부 및 노스랜드 지방에만 분포한다.

뉴질랜드의 외래 수입종 인공림은 해안 지방과 내륙의 낮고 완만한 곳에
형성되어 있다. 자연림의 관목들을 모두 불태워 버리고 인공적으로 조성한
것으로 수종은 더글러스 전나무, 미송 등이 대부분이다. 현재 인공림은 전체
임야 면적의 약 1/3에 이르고, 지금도 계속 조성 중에 있다.

사진 1-5_ 맹그로우브

하천변에 높이가 일정한 논과 같은 것이 내만에 형성된 맹그로우브 삼림이고, 그 사이 물길은
조류가 들고 나는 갯골이다. 작은 사진은 이 맹그로우브 산림을 견학할 수 있도록 맹그로우브
숲속에 다리를 놓아둔 모습이다.

    뉴질랜드에는 에메랄드 빛깔처럼 파랗고 깨끗한 초지를 어디서나 볼 수
있고, 또 이 초지는 고도가 높거나 혹은 건조한 일부 지역을 제외하고 사계절
내내 파랗게 유지되어 참으로 인상 깊은 경관을 연출한다. 그러나 이 초지도
자연적인 것이 아니고 인공적으로 조성된 것이다. 땅을 갈아엎어 관목과
잡초를 뿌리까지 완전히 제거한 뒤에 씨를 뿌려 조성한 것이다. 한번 조성한
것도 10여 년 정도 지나면 잡초들이 다시 침입하는데 이때는 또 모두 갈아엎
어 기존의 풀을 모두 제거하고 새로 씨를 뿌려 깨끗한 초지를 형성한다.
이와 같이 뉴질랜드의 식생은 자연적인 것도 있지만 상당 부분이 인공적으로
조성되고 잘 가꾸어진 것이다.

사진 1-6_ 뉴질랜드의 잘 가꾸어진 초지

09 원주민 마오리족과 사이좋게 지내는 이주 백인

마오리(Maori)족도 약 1,000년 전에 남태평양 섬들에서 뉴질랜드로 이주해 왔으므로 엄격히 따져서는 원주민이라 할 수 없다. 마오리족이 이주해 오기 전에 뉴질랜드에 살았던 종족에 대한 연구 결과는 별로 없으며, 거의 무인도 상태였을 것이라 추측하고 있다. 그래서 약 200년 전부터 유럽계 백인(이들을 '키위'라 한다)이 이주했을 때 마오리족은 분명히 뉴질랜드의 선주민 혹은 원주민이었고, 그들의 문화 수준 또한 다른 신대륙의 원주민들과 거의 비슷했다. 그러나 뉴질랜드에 이주해 온 유럽계 백인은 마오리 추장들과 조약을 맺고 같이 사이좋게 살 것을 약속했으며, 지금까지 그렇게 하고 있다.

마오리족은 폴리네시아(Polynesia)계 인종으로 춤과 노래를 잘하고 나무, 돌, 뼈를 조각하는 솜씨가 뛰어나다. 그들의 하카(Haka) 춤은 전사들이 출전을 하기 전에 추는 춤으로 허벅지를 치고, 발을 쾅쾅 구르면서 큰소리를 지르고, 혓바닥을 길게 내어놓는 등 상대방에게 겁을 주는 춤이다. 여자들이 추는 포이(Poi) 춤은 방울을 돌리며 낭낭한 목소리로 노래를 부르며 추는 경쾌한 춤이다. 마오리족은 또한 모코(Moko)라는 문신을 하기 좋아한다. 남자는 얼굴 전체에, 여자는 입주위에 한다. 마오리족의 상징 건물은 회의장 건물(meeting house)로 주요 의사 결정과 행사를 여기에서 한다. 삼각형의 맞배지붕에 붉은색 칠을 한 집안으로 들어서면 벽과 홀 중앙에 많은 기둥이

사진 1-7_ 마오리 회의장 건물과 그 내부 구조
붉은 색상을 많이 사용하고 있으며, 실내 기둥과 벽면에 많은 조각을 해놓았다.

있고, 천정에는 이들 기둥과 연결되는 들보가 있다. 이 모든 기둥과 들보에 사람들이 조각되어 있는데 하나하나가 의미를 갖고 있는 마오리족의 조상이라 한다. 마오리 회의장은 마을마다 있고, 대학에도 있다.

뉴질랜드 정부는 마오리족과의 공존·공영을 위해 많은 노력을 하고 있다. 지적 수준의 격차가 많이 나면 공존이 어렵다는 생각으로 마오리 학생들에게 많은 장학금의 혜택을 주어 공부하게 한다. 마오리 언어를 살리기 위해 공식 행사에서 연설을 할 때 대부분 몇 마디 마오리어로 먼저 이야기하고 난 다음에 영어로 이야기한다. 안내 말을 할 때도 마오리어로 '안녕하십니까?'라는 뜻의 '기요라'라는 말을 하고, 그 다음에 안내 말을 계속한다. 방송

사진 1-8_ 전통춤을 추고 있는 마오리족
위 사진은 문신을 한 마오리 전사, 아래 사진은 마오리족의 조각품

에서도 일정 시간 마오리어 방송이 의무화되어 있다. 마오리 문화를 살리기 위해서 박물관마다 마오리 코너를 넓게 만들어 예술품을 전시하며, 축제 때마다 마오리 춤과 노래를 공연하도록 한다. 뉴질랜드의 럭비, 하키 국가대표팀은 대부분의 선수가 백인이면서도 경기 전에 마오리족의 하카 춤으로 기를 살린 뒤에 경기를 시작한다. 또 뉴질랜드 지명의 대부분이 마오리어로 되어 있어 마오리어만 알면 그 지명이 뜻하는 것을 알 수 있다.

　뉴질랜드의 이와 같은 원주민 정책은 민족 간에 화합을 이루는 동시에

이 나라 주 소득원인 관광 산업에도 마오리 민속 공예, 마오리 춤과 노래를 크게 활용하고 있어 좋은 것 같다. 백인들이 이주해 간 대부분의 신대륙에서 원주민이 멸종되고 그 문화가 대부분 말살되어 가는 세계적 현실에서 원주민과 조화를 이루면서 시너지 효과를 거두고 있는 뉴질랜드가 참으로 보기 좋았다.

10 마오리 회의장에서 열린 학회 개회식

2003년 7월에 뉴질랜드 지리학회가 오클랜드 대학에서 개최되었다. 약 300여 명이 참가하여 일주일간 5개 발표장에서 학술 발표가 있었다. 인구가 400만 명밖에 안 되는 나라의 국내 지리학회가 이렇게 큰 규모인 데 놀랐다. 참가자는 국내 학자뿐 아니라 외국 학자들도 많이 있었는데 알고 보니 대부분 뉴질랜드에서 공부하여 학위를 얻고 호주, 영국, 미국, 캐나다, 인도 등지로 취직해 간 사람들이 모국 학회에 제자들을 데리고 참석했기 때문이란다.

이 학회의 개회식(opening ceremony)이 참으로 이색적이었다. 한 250여 명 되는 학회 참가자들이 대학 안에 지어져 있는 마오리 회의장 앞 잔디밭에 모였더니 반나체의 남자가 창을 들고 나와서 우리를 마구 위협했다. 회원 중의 연장자가 그 앞에 꿇어앉아 마오리어로 몇 마디 주고받더니 따라오라는 시늉을 했다. 우리 모두는 그를 따라 회의장 안으로 들어가 앉았다. 먼저 마오리 쪽에서 마오리어로 이야기를 하고 노래를 불렀다. 마오리어 노래인데 회원들 대부분이 그 노래를 따라 불렀다. 그 다음에는 학회 회원 중 한 사람이 마오리어로 이야기하고 노래를 불렀다. 이렇게 몇 번 반복했다. 무슨 내용이 냐고 물었더니 마오리 조상을 칭송하는 이야기들이라 한다.

그 다음에는 인사를 하는데 서로 가볍게 안고 코를 맞대고 부비는 인사였 다. 우리 모두 같은 공기를 숨쉬는 친구가 되었다는 의미라 한다. 남녀노소를

사진 1-9_ 마오리가 회의장에 손님을 맞기 전에 겁주고 있는 모습

가리지 않고 돌아가면서 인사를 해서 결국 나는 250여 명과 코를 맞대는 인사를 했다. 필자의 코는 이들보다 아무래도 좀 작아서 이 코인사를 하는데 자존심이 좀 상했다.

　인사를 마치고는 맨발에 마오리 의상을 한 여자가 기둥에 조각된 조상신들에 대해 일일이 설명했고, 그 이후에야 성대한 대접을 받았다. 마오리 집에 와서는 꼭 대접을 받고 가야 한다.

　이와 같은 학회 개회식은 마오리 문화를 보존하고 대중화하기 위해 연출한 것으로 반나체로 창을 들고 나왔던 사람은 대학원생이며, 맨발로 마오리 의상을 입고 설명했던 여자도 문화인류학 교수라 한다.

목양 중심의 뉴질랜드 목축업과 농업

도시 인구가 85%에 달하면서도 뉴질랜드 경제는 농업에 많이 의존하고 있다. 국토의 62%가 목축업과 농업 용지로 이용되고 있으며, 수출액의 과반수를 농·목업 생산품이 차지한다.

가장 많은 토지 이용은 양과 소를 사육하는 목장으로, 뉴질랜드에 있는 양의 수는 대략 4,700만 마리이며, 소는 900만 마리이다. 목축업에 종사하는 인구를 약 40만 명으로 보았을 때, 1인당 양 120마리, 소 23마리 꼴이다.

양털, 양가죽, 양고기를 생산하는 양은 북도와 남도 어디에서나 보편적으로 사육한다. 소는 대부분 북도에서 사육하고, 특히 젖소를 사육해서 낙농업을 하는 농가는 강수량이 많은 북도 서부 지역에 주로 분포한다. 양, 소보다 적은 수이지만 사슴, 염소, 타조를 사육하는 농가도 흔히 볼 수 있다. 목장은 자연 초지를 그대로 이용하는 것이 아니고 관목과 잡초를 완전히 제거하고 질 좋은 목초의 씨를 뿌려 초지를 조성한다. 서안 해양성 기후로 연중 온화하고 강수 분포가 고르기 때문에 고산 지역, 남도 일부 지역을 제외한 대부분 지역의 목초가 연중 푸르게 자란다. 그렇기 때문에 뉴질랜드의 자연 경관은 연중 녹색이 탁월한 풍광을 보인다. 목장은 울타리로 10여 등분 구획을 지워 두고 소나 양을 한 구역에서 얼마 정도 풀을 뜯게 한 뒤, 그곳에 풀이 거의 없어지면 또 다른 구역으로 옮겨 풀을 뜯게 하여 항상 풍성히 자란 풀을

사진 1-10_ 목양 농장(북도 피오피오 주변)

먹인다.

　뉴질랜드의 과수 농업은 일조량이 풍부한 해안 지방에서 키위, 포도, 사과, 오렌지 등을 많이 재배하는데, 특히 북도의 플렌티 만 주변에서 주로 재배되는 키위는 세계 수출량의 1/4을 차지한다. 포도는 북도 동해안과 남도의 북부 해안에서 많이 재배하며, 농장별로 포도주를 제조하고 있어 포도주 생산과 수출이 최근 들어 급격히 늘고 있다.

　곡물 농업은 주로 남도 캔터베리 평야에서 이루어지는데, 밀, 감자 등 식용 작물과 동물 사료, 공업 원료로 귀리, 보리 등을 재배하고 있다.

사진 1-11_ 키위 과수원(북도 플렌티 만)

뉴질랜드를 상징하는 양은 참으로 순한 동물이다. 양의 무리에는 우두머리가 없고 모두 평등하다. 그래서 서로 싸우는 법이 없다. 또 항상 몰려다니고 개별 행동을 하지 않기 때문에 어느 한 마리가 방향을 잡으면 모두 그쪽으로 물 흐르듯이 따라 움직인다. 그래서 천여 마리의 양떼를 한 사람의 주인과 두 마리의 개가 쉽게 몰아갈 수 있다. 육식 동물인 맹수들은 혼자 다니기를 좋아한다. 그래야 먹이를 사냥했을 때 혼자 배불리 먹을 수 있다.

인간 사회에도 육식 동물에 비유되는 사람과 초식 동물에 비유되는 사람이 있는 것 같다. 나는 아무래도 초식 동물에 속하는 부류로 친구들이 없으면 항상 추위를 느낀다.

사진 1-12_ 캔터베리 평야의 감자밭
대형 스프링쿨러로 물을 뿌리고 있다.

12 | 해안에 주로 분포하는 인구와 도시

뉴질랜드 인구는 2003년에 400만 명에 이르렀는데, 이것을 면적으로 나누어본 인구밀도는 km²당 15명이 조금 못 된다. 〈그림 1-11〉에서 볼 수 있는 것과 같이 뉴질랜드 인구는 주로 북도의 해안 지역, 남도의 동남 해안 지역에 분포하고 있으며, 북도의 내륙 지방과 남도의 중·서부 지역의 대부분은 km²당 인구밀도가 1인 이하의 지역이다.

현재 뉴질랜드의 도시 인구율은 85%로 대부분의 인구가 도시에 모여 살고 있다. 뉴질랜드에서 100만 명 이상의 도시는 오클랜드 시 하나뿐이고, 그 다음 크기의 도시가 수도인 웰링턴인데 40만 명을 조금 넘고, 남도 최대 도시인 크라이스트처치 시가 30만 명을 조금 넘는다. 10만 명을 조금 넘는 도시는 남도의 더니든과 북도의 해밀턴이며, 5만~10만 인구의 도시가 6개, 1만~5만 인구의 도시가 11개이다.

도시는 아파트가 별로 없고 독립 주택이 대부분이기 때문에 인구에 비해서 그 면적이 매우 넓다. 인구 100만 명의 오클랜드 시가지는 서울시와 거의 비슷한 면적이다.

현재 북도의 인구가 남도 인구의 약 3배 정도이지만, 1800년대 말과 1900년 대 초에는 지금처럼 크게 차이가 나지 않았으며, 특히 남도에 골드러시(gold rush)가 한창일 때는 남도 쪽 인구가 더 많았던 시기가 있었다.

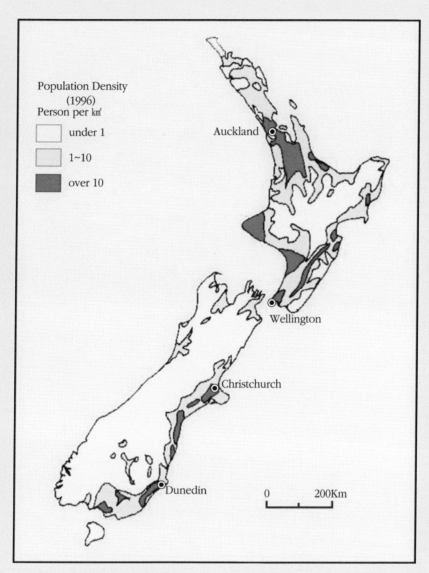

Population Density
(1996)
Person per ㎢

☐ under 1

▨ 1~10

▧ over 10

Auckland

Wellington

Christchurch

Dunedin

0   200Km

그림 1-11_ 뉴질랜드의 인구밀도

사진 1-13_ 마운트 이튼(Mt. Eden)에서 서쪽으로 바라본 오클랜드 시가지
단독주택이 대부분이며 공간 활용이 넓다.

이 당시 인구 7,000명이었던 애로타운(Arrowtown)은 현재 1,700명밖에
되지 않으며, 1916년에 1,700명이었던 웨스트랜드의 덴니스턴(Denniston)은
현재 16명만 살고 있는 작은 촌락으로 변했다. 1911년 인구센서스에서 북도
의 오클랜드와 남도의 더니든은 거의 비슷한 10만 명의 인구였으나, 지금
오클랜드는 그 10배에 달하는 100만 인구의 도시로 성장을 했고, 더니든은
지금도 10만 명을 조금 넘는 인구이다. 이와 같은 현상은 1900년대 후반부터
오클랜드 시 주변 지역에 도시 산업이 발달하면서 인구가 크게 늘어 북도의
인구가 많아졌기 때문이다.

13 | 뉴질랜드의 간추린 역사

　약 1,000년 전 남태평양 섬에서 마오리족이 오랜 항해 끝에 처음 뉴질랜드에 이르렀을 때 길고 흰 구름이 덮인 땅을 발견하고 마오리어로 'Aotearoa (The land of the long white cloud)'라 이름 붙였다. 그래서 '아오테아(Aotea)'라는 이름이 지금도 뉴질랜드에서는 많이 사용되고 있다. 오클랜드 시청 앞의 각종 행사장으로 쓰이는 광장 이름이 아오테아 광장인 것이 그 예이다.

　유럽 백인들에 의해 뉴질랜드가 처음 발견된 것은 1642년 네덜란드의 탐험가 아벨 태즈먼(Abel Tasman) 선장에 의해서였다. 태즈먼 선장은 네덜란드 동인도 회사에서 보냈으며, 오스트레일리아와 뉴질랜드를 발견하고 오스트레일리아를 노바 홀랜디아(Nova Hollandia: New Holland), 뉴질랜드를 노바 질랜디아(Nova Zealandia: New Zealand)라 하고, 그 사이의 바다를 태즈먼 해라고 명명했다. 네덜란드의 해안 쪽에 섬들이 형성되어 있는 지역을 'Zeel(sea) land'라 불렀는데, 오스트레일리아가 새로 발견된 'Holland'라면, 뉴질랜드는 새로 발견된 'Zeeland'와 같다고 해서 붙인 이름이다. 그리고 그 이름이 지금까지 쓰이고 있다. 태즈먼 선장은 현재 남도 서해안에 위치해 있는 호키티카(Hokitika) 부근에서 뉴질랜드를 처음 발견하고 상륙하려 했으나 파랑이 거칠어서 상륙하지 못하고 북쪽으로 항해하여 남도의 북서쪽 끝부분 오늘날의 골든 베이(Golden Bay)에 상륙했는데 마오리족의 공격을 받아 네 명의 선원을 잃고 회항했다. 이후 약 100년이 지난 1769년에 영국인 선장 제임스 쿡(James Cook)이 많은 과학자들과 함께 뉴질랜드 해안을 탐험하고 영국 영토로 선언하면서 뉴질랜드는 유럽에 널리 알려지게 되었다. 그 후 뉴질랜드에는 포경선이 기항하게 되고, 카우리 소나무의 벌목공들이 거주를 하게 되었으며, 1814년에는 베이 오브 아일랜드(Bay of Island) 지방에 처음 교회가 설립되었다.

1840년 영국 정부 관리와 50여 마오리 추장들이 와이탕이(Waitangi)에 모여, 주권을 영국 여왕에게 맡기고, 영국 정부는 마오리 재산을 보호하며, 새로 이주하는 영국인은 마오리로부터 토지를 매입한다는 내용의 와이탕이 조약을 체결하면서 뉴질랜드는 영국 식민지가 되었다. 이때 마오리족의 인구수는 약 11만 5,000명이었고, 유럽인 거주자는 2,000명 정도였다. 그 뒤 점차로 유럽인의 이주가 늘면서 오클랜드, 웰링턴, 왕가누이, 넬슨, 뉴프리머스(New Plymouth), 크라이스트처치, 더니든 등 유럽인 거주 신도시가 해안에 건설되었다.

1860년에서 1868년 사이 마오리족과 이주 영국인 간에 내전이 발생했는데 이것을 마오리 전쟁이라 한다. 마오리족이 종교적 이유 때문에 내놓으려 하지 않는 땅을 영국 정부가 군대를 동원하여 강제로 수용한 것에 대해 분노한 마오리족 추장들이 단결하여 영국 군대에 대항한 내전으로 8년간 계속되었고 최대 2만 명의 영국 군대와 5,000명의 마오리 전사가 대치했으나 계속 단합을 유지하지 못한 마오리족이 패하면서 많은 마오리족 소유의 토지가 수용되는 결과를 초래했다.

1861년에는 남도의 오타고 지방에 금이 발견되면서 골드러시 현상이 일어나 더욱 많은 유럽인의 이주가 있었다. 1882년에는 처음으로 냉동선이 뉴질랜드에서 냉동육을 싣고 영국에 수출하게 되면서 뉴질랜드 목축업이 더욱 발달하는 계기가 되었다.

1907년에 자치령이 되고 제2차 세계대전 후 1947년에 독립국이 되었다. 제1차 세계대전이 발발하면서 1915년에 오스트레일리아와 연합군(ANZAC: Australian and New Zealand Army Corps)을 결성하여 터키의 캘리폴리 (Gallipoli) 반도에 파병하여 영국을 도왔다. 그러나 이 전쟁에서 수천 명의 병사가 전사했다. 뉴질랜드는 4월 25일을 'ANZAC Day'라 하여 기념하고 있는데, 우리나라의 국군의 날과 현충일을 합친 의미를 갖는 날이다. 제2차 세계대전 당시에는 오스트레일리아, 뉴질랜드, 미국의 동맹군(ANZUS)을 결성하여 태평양 전쟁을 수행했다. 뉴질랜드는 한국전에도 군대를 파견해 준 우리의 우방이다.

뉴질랜드 경제는 1960년대까지 '뉴질랜드는 영국의 남태평양 농장'이라 할 만큼 영국에 예속되어 있었고 수출품의 55%가 영국 시장에 하역되었다. 그러나 1973년 영국이 EU에 가입하게 되면서 뉴질랜드는 아시아 쪽으로 눈을 돌려 현재 주요 무역 상대국은 일본, 중국, 한국, 대만, 미국이다.

제2부

북도의
여러 지역

14 북도의 지역 구분

15 지협에 위치해 있는 오클랜드

16 화산 지형에 건설된 오클랜드 시가지

17 문화, 관광의 도시 오클랜드

18 90마일 비치

19 뉴질랜드 개척의 역사가 깃든 베이 오브 아일랜드

20 휴양 도시 타우랑가

21 화산 관광지 로토루아

22 뉴질랜드 최대의 타우포 호수

23 화산 공원 통가리로 국립공원

24 고립 화산 에그몬트

25 뉴질랜드의 과일 바구니 호크스 베이

26 단구 지형이 발달한 왕가누이 시 주변 지역

27 활단층을 타고 앉은 수도 웰링턴

28 단층 지형의 모식지 와이라라파 단층

29 융기 비치 투라키라에 곶

14 | 북도의 지역 구분

뉴질랜드에서는 우리나라의 영남 지방, 경기 지방 등과 같은 지역명을 대화 중에 혹은 신문이나 방송에서 많이 쓴다. 타라나키(Taranaki) 지방, 오타고 지방 등이 그 예이다. 그러나 이와 같은 지방의 이름이나 경계선을 그려서 밝힌 지도를 나는 아직 보지 못했다. 물론 조사가 불충분해서 그런 것인지도 모르겠다. 마침 뉴질랜드 관광공사 홈페이지에 지역 구분도가 나와 있어 이를 바탕으로 각 지역을 먼저 개관해 보기로 한다.

1) 노스랜드(Northland): 뉴질랜드의 가장 북쪽 지방으로, 파이히아 (Paihia), 러셀(Russell)을 중심으로 한 베이 오브 아일랜드(Bay of Island) 지방은 뉴질랜드에서 유럽계 백인이 최초로 거주한 개척의 역사가 깃든 곳이다. 지형적으로 90마일 비치(Ninety mile beach)는 육계사주(tomboro)이고, 베이 오브 아일랜드는 리아스식 침수 해안이다. 와이포우아(Waipoua) 삼림은 잘 보존된 카우리 소나무의 거목들이 있는 곳이다.

2) 오클랜드(Auckland): 오클랜드 지협에 형성된 메트로폴리탄 지역 (metropolitan area)으로 뉴질랜드 인구의 거의 1/3이 이곳에 모여 살며, 교육·문화·경제의 중심지이다.

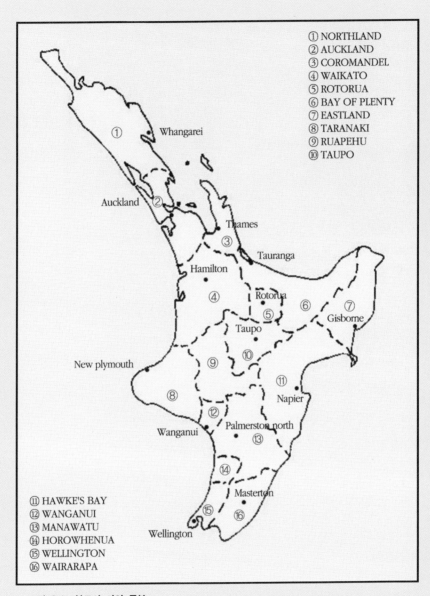

① NORTHLAND
② AUCKLAND
③ COROMANDEL
④ WAIKATO
⑤ ROTORUA
⑥ BAY OF PLENTY
⑦ EASTLAND
⑧ TARANAKI
⑨ RUAPEHU
⑩ TAUPO

Whangarei

Auckland ②

Thames
③
Tauranga
Hamilton
④ Rotorua
⑤ ⑥ ⑦
Taupo Gisborne
⑩
New plymouth ⑨
⑪
⑧ Napier
⑫
Palmerston north
Wanganui ⑬

⑭
Masterton
⑮ ⑯
Wellington

⑪ HAWKE'S BAY
⑫ WANGANUI
⑬ MANAWATU
⑭ HOROWHENUA
⑮ WELLINGTON
⑯ WAIRARAPA

그림 2-1_ 북도의 지역 구분

사진 2-1_ 코로만델 반도에 있는 핫 워터 비치(엽서, New Zealand Souvenir Co.)
간조 때 드러난 모래사장에 구덩이를 파면 온천수가 솟아나 찜질을 할 수 있다.

3) 코로만델(Coromandel): 이 지방은 하우라키(Hauraki) 만과 플렌티(Plenty) 만 사이에서 북쪽으로 돌출한 반도로 1800년대 중반에서 1900년대 초반까지는 골드러시로 인한 금 채굴로 유명했다. 그래서 이 지방 최대 도시인 템스(Thames, 인구 약 7,000명)에는 광산 학교와 광산 박물관이 있다. 지금은 과거 광산 철도를 따라 코로만델 삼림공원(Coromandel Forest Park)을 트래킹(tracking)하는 것으로 유명하다. 하헤이 마을(Hahei Town) 남쪽 약 6km 지점에 핫 워터 비치(Hot Water Beach)가 있다.

4) 와이카토(Waikato): 이 지방은 북도에서 제일 긴 와이카토 강(425km) 유역의 분지 지역으로 잔잔한 구릉지가 넓게 펼쳐져 있으며, 이를 이용한 대표적인 목우 지역으로 경기용 말의 사육으로도 유명하다. 인구 약 12만 명의 중심 도시 해밀턴은 뉴질랜드에서 다섯 번째로 큰 도시이다. 와이토모

사진 2-2_ 플렌티 만에 위치한 활화산 화이트 아일랜드(뉴질랜드 관광청 제공)

(Waitomo) 석회 동굴은 와이토모 강과 연결된 길이 45km의 동굴로 배를 타고 다니며 천정에 붙은 반딧불이를 보는 것으로 유명하다.

5) 로토루아(Rotorua): 북도의 대표적인 화산, 온천 관광지이며, 마오리 예술과 공예로도 유명한 곳이다. 폭발성 분출로 형성된 크고 작은 화산성 호수와 열지대로 이루어져 있다.

6) 플렌티 만 지역(Bay of Plenty): 북쪽으로 열려 있는 넓은 폭의 만으로 해안에는 사주와 사빈의 발달이 탁월하다. 만 중앙에 있는 화이트 아일랜드 (White Island)는 지금도 연기를 내뿜고 있는 대표적인 활화산이다. 일조시간 이 길고 기온이 온화하여 과수 농업이 발달했으며, 특히 테 푸케(Te Puke)는

키위의 세계적인 생산지이다. 타우랑가(Tauranga, 인구 약 9만 명), 와카타네(Whakatane, 인구 약 1만 4,000명) 등 휴양지의 성격이 강한 도시들이 입지해 있다.

7) 이스트랜드(Eastland): 북도의 척량산맥인 라우쿠마라(Raukumara) 산맥 동쪽의 태평양 연안 지역으로 지형이 거칠고, 인구밀도가 낮은 지역이다. 중심 도시는 포버티(Poverty) 만에 위치하고 있는 기스본(Gisbone, 인구 약 3만 5,000명)이다.

8) 타라나키(Taranaki): 북도 서해안의 독립 화산인 에그몬트 산(Mt. Egmont, 2,518m) 주변 지역이다. 이 산 주변에 화산성 이류에 의해 형성된 잔잔한 구릉지가 넓게 분포되어 있는데 이 구릉지에 초지가 조성되어 일찍부터 낙농업과 원예 농업이 발달했으며, 인구밀도가 높은 지역이다. 뉴플리머스(New Plymouth, 인구 약 6만 8,000명), 하웨라(Hawera, 인구 약 9,000명)가 중심 도시이다.

9) 루아페후(Ruapehu): 북도에서 가장 높은 루아페후 산(2,797m)을 비롯하여 나우루호에 산(Mt. Ngauruhoe, 2,287m)과 통가리로 산(Mt. Tongariro, 1,967m) 등 안산암질 화산들이 모여 있어 북도의 지붕이라 할 수 있는 지역이다. 이 지역은 통가리로 국립공원(Tongariro National Park)으로 지정되어 있다.

10) 타우포(Taupo): 북도의 한가운데 위치하며, 뉴질랜드에서 가장 큰 칼데라 호인 타우포 호수를 중심에 둔 지역이다. 이 호수는 북도의 주요

사진 2-3_ 루아페후 산 서사면의 와카파파 스키장에서 바라본 나우루호에 산(뉴질랜드 관광청 제공)

상수원이다. 호수의 북동 호반에 위치해 있는 타우포(인구 약 2만 1,000명)가 중심 도시이다.

11) 호크스 베이(Hawke's Bay): 서쪽 경계는 척량산맥에 접하고, 동쪽은 태평양에 접한 동해안 중부 지역이다. 풍부한 일조량 때문에 과실 재배가 성하여 '과일 바구니'라는 별칭으로 불린다. 태평양 지각판이 섭입하는 섭입대 후면에 위치하여 지진의 피해가 심하다. 네피어(Napier, 인구 약 5만 5,700명), 헤이스팅스(Hastings, 인구 약 2만 8,400명)가 중심 도시인데, 1931년 네피어 대지진으로 해저가 융기한 땅에 이들 도시의 대부분이 건설되었다.

12) 왕가누이(Wanganui): 북도 서해안의 왕가누이 강 유역의 분지와 대

략 일치하는 지역이다. 이 강은 심한 감입곡류(嵌入曲流)를 하고 있지만 가항 (可航)거리가 길어서 하구에서 통가리로 국립공원까지 배로 갈 수 있다. 제3 기 지질로 이루어져 있고, 해안에는 해안단구가 모식적으로 형성되어 있는 지역이다. 왕가누이(인구 약 4만 1,000명)가 중심 도시인데, 이곳은 마오리 선조가 뉴질랜드에 처음으로 상륙해서 거주했던 곳이기도 하다.

13) 마나와투(Manawatu): 북도의 중남부 마나와투 강 유역의 분지와 대략 일치하는 지역이다. 마나와투 강은 북도의 척량산맥 동쪽에서 발원하여 척량산맥을 절단하고(이곳에 마나와투 협곡이 형성되어 있다) 서쪽으로 흘러 태즈먼 해에 유입되는 큰 강이며, 전 유로에 걸쳐 심한 곡류를 한다. 해안에는 사구가 넓은 폭으로 형성되어 있는데 최대 폭이 20km에 달한다. 교통 요지에 위치하고 있는 파머스턴 노스(Palmerston North)가 중심 도시이다.

14) 호로훼누아(Horowhenua): 마나와투와 웰링턴 사이에 끼여 있는 작은 지역으로 파라파라우무(Paraparaumu)가 중심 도시이다.

15) 웰링턴(Wellington): 북도 서남단 웰링턴 만 주변 지역으로 수도가 위치하여 뉴질랜드 정치의 중심 지역이다. 평야가 적고 구릉지가 많으며, 활단층인 웰링턴 단층이 중앙을 지나고 있어 지진의 위험이 큰 지역이다.

16) 와이라라파(Wairarapa): 리무타카(Rimutaka) 산맥 동쪽의 북도 동남단 지역으로 중앙에 와이라라파 호수가 있다. 1855년에 있었던 와이라라파 지진으로 변위된 단층 지형이 모식적인 곳이다. 마스터톤(Masterton, 인구 약 2만 2,800명)이 중심 도시이다.

뉴질랜드 북도에 북서쪽으로 길게 뻗은 좁고 긴 반도가 있는데, 이것을 노스랜드라 한다. 마치 오른팔을 들고, 손가락 하나를 뻗고 있는 것과 같은 형상이다. 팔 부분의 길이가 약 250km, 폭은 40~80km이며, 끝 부분 손가락에 해당하는 가는 반도(90마일 비치)의 길이는 약 90km, 폭은 12km이다. 노스랜드가 북도에서 갈라져 나오는 부분에 좁은 지협이 있는데, 이 지협에 뉴질랜드 최대의 도시인 오클랜드 시가 형성되어 있어 이 지협을 오클랜드 지협이라 한다.

오클랜드 시는 동쪽에 태평양과 연결된 하우라키(Hauraki) 만에 접하고, 서쪽에 태즈먼 해 및 인도양과 연결되는 마누카우(Manukau) 만과 접하고 있어 시가지의 동쪽과 서쪽에 바다가 있다. 특히 타마키(Tamaki) 강 하구 만입부와 마누카우 만이 연결되는 지점이 가장 좁은 지협으로 폭이 약 2.5km이다. 그래서 과거 마오리들은 이 부근의 서쪽에서 동쪽 혹은 그 반대 방향으로 배를 타고 가려면 노스랜드를 돌아 약 700km나 되는 바닷길을 가야 하기 때문에 이 지협에서 여러 사람이 배를 들고 육로로 건넜다고 한다.

오클랜드 시는 이와 같이 좁은 지협, 동서에 발달해 있는 조용한 만, 토질이 좋은 낮은 구릉성 지형과 같은 지리적 이점 때문에 일찍이 마오리족들이 모여 살았던 곳이다. 또한 유럽 백인의 이주도 많이 이루어져 일찍부터

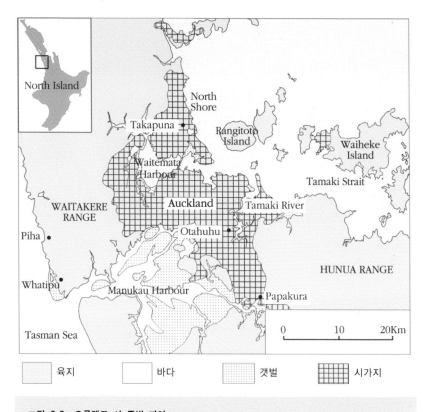

그림 2-2_ 오클랜드 시 주변 지역
타마키 강 상류 오타후후(Otahuhu) 부근의 지협은 폭이 2.5km이다.

도시가 형성되었고, 수도의 기능도 수행했다. 그러나 수도의 기능은 오클랜드 시가 너무 북쪽에 치우쳐 있어 1865년부터 남도와 북도의 지리적 중심인 웰링턴으로 이동해서 현재에 이르렀다. 수도의 기능이 옮겨간 뒤에도 오클랜드 시는 뉴질랜드의 관문이자 경제, 문화의 중심지로서 계속 성장하여 뉴질랜드 인구의 약 1/3이 이 도시 메트로폴리탄 지역에 모여 있다.

16 화산 지형에 건설된 오클랜드 시가지

오클랜드 시가지는 48개의 작은 현무암성 화산으로부터 분출된 용암, 화산재, 화산암재(scoria)로 만들어진 지형 위에 형성되어 있다. 이들 화산의 활동 시기는 오래된 것이 약 15만 년 전이고, 가장 최근의 것이 600년 전이며, 가장 왕성한 활동을 한 것은 1만~5만 년 전이었다. 소규모 폭발성 분출에 의해서 형성된 와지(窪地)에 담수가 담겨 형성된 호수가 푸푸케(Pupuke) 호수고, 바닷물이 들어와서 원형의 만을 형성한 것이 오라케이(Orakei) 분지, 판무레(Panmure) 분지이다. 꼭대기에 화구가 깨끗하게 남아 있고, 낮은 원추형의 구릉을 이루는 분석구가 약 20여 개 형성되어 있는데, 대표적인 것이 마운트 이든(Mt. Eden), 마운트 홉슨(Mt. Hobson), 마운트 웰링턴 등이다. 이들 구릉들은 예외 없이 공원으로 개발되어 시민들의 위락 공간이 되고 있다.

노스 쇼어(North Shore)라는 북동부 해

사진 2-4_ 오클랜드 시 노스 쇼어 지역 해안에서 많이 볼 수 있는 용암수형

사진 2-5_ 마운트 이든 꼭대기에 있는 화구

오클랜드 시 중앙에 있는 암재구(scoria cone) 형식의 화산으로 시가지를 전망하기 아주 좋다.

안에는 현무암으로 이루어진 파식대지가 형성되어 있는데 이곳에 용암수형(tree mold)이 많이 형성되어 있어 흥미롭다. 용암수형은 삼림이 우거진 곳에 현무암 용암이 흘러내려 굳으면서 나무줄기만큼의 구멍을 남겨둔 것이다. 큰 것은 지름이 우물만 하고, 작은 것은 직경 10~20cm 정도이다. 오클랜드 대학의 윤홍기 교수에 의하면, 전자는 카우리 소나무에 의해, 후자는 그 하층림인 고사리 나무에 의해 형성된 것으로, 용암수형 안벽의 색도 전자는 갈색을 보여 카우리 소나무 껍질 색과 유사하고, 후자는 검게 나타나서 고사리 나무껍질 색과 유사하다고 한다.

오클랜드 시 태평양 쪽 앞바다에 직경 약 6km, 높이 259m인 랑이토토(Rangitoto)라는 화산섬이 있는데 이 화산섬은 약 600년 전에 해중에서 분출한 현무암에 의해서 형성된 순상 화산섬이다. 600년밖에 되지 않았으므로 토양이 거의 형성되지 않았고, 표면은 현무암 파편들로 암괴원 지형과 같은

사진 2-6_ 오클랜드 시 앞바다에 있는 랑이토토 화산섬

600년 전에 현무암 분출로 형성되어 완전히 순상 화산의 모양을 이루고 있다.

경관을 보인다. 표면이 이렇게 부스러지는 것은 용암이 분출할 때 표면은 이미 굳었는데 안쪽은 굳지 않고, 계속 사면 아래쪽으로 흘러내렸기 때문이다. 그런데 토양이 거의 형성되지 않은 이 화산섬에 울창한 삼림이 형성되어 섬의 표면을 80~90% 피복하고 있다. 600년밖에 안 되었으며, 흙이 거의 없는 검은 현무암 바위틈에 뿌리를 내리고 숲을 형성하고 있는 식물의 생존력이 참으로 경이로웠다. 숲을 이루는 나무는 대부분 포후투카와(Pohutukawa)라는 나무로 이곳이 이 나무의 세계 최대 군락지라 한다. 잎은 사철나무와 비슷하나 크리스마스 때쯤 붉은 꽃을 피우기 때문에 크리스마스트리라고도 하며, 온 산을 붉게 물들게 한다.

이 섬은 1854년에 원주민 마오리에게서 15파운드에 샀다고 한다. 지금은 사람이 살고 있지 않으며, 지형·생태 학습장으로 하루에 서너 차례씩 배가 왕복하면서 학생과 관광객을 운반한다.

17 | 문화, 관광의 도시 오클랜드

오클랜드 시가지는 다운타운을 제외하고는 고층 건물이 별로 없고, 두드러진 공업 지역도 없으며, 시가지의 대부분이 학교, 공원, 단독주택으로 이루어져 있어 인구에 비해 시가지 면적이 매우 넓다(30×40km). 또한 이들 주택마다 각자의 취향에 맞게 정원을 꾸미고 있어 도시 전체가 커다란 공원과 같다. 시의 중심 거리는 퀸스트리트(Queens Street)인데, 다운타운이 이 거리의 좌우에 형성되어 있다. 이 거리 남쪽에는 시청이 있고, 북쪽 끝에는 페리빌딩(Ferry Building)이 있다. 시청은 오래된 건물로 별로 크지 않지만 아름답고 커다란 홀이 있으며, 시청 앞에는 아오테아(Aotea: 뉴질랜드의 옛 이름)라는 광장이 있어 이 두 곳에서 연주회, 페스티벌 등 시민을 위한 행사가 끊임없이 열리고 있다.

퀸스트리트 동쪽에 접해 있는 낮은 구릉 위에 유명한 오클랜드 대학이 위치해 있다. 오클랜드 대학뿐만 아니라, 대부분의 대학과 어학 연수원들이 다운타운에 모여 있어서, 학교를 마치는 오후 3시에서 5시 사이에는 세계 각국에서 모여든 학생들이 퀸스트리트에 쏟아져 나와 마치 인종 전시회를 보는 듯하다.

퀸스트리트 서쪽 구릉에는 남반구에서 제일 높다고 하는 스카이타워(Sky Tower, 높이 328m)가 있는데, 외양이 아름답고 특히 밤에는 형형색색의 불빛

앞에 보이는 녹지는 '오클랜드 도메인(Auckland Domain)'이라는 공원이고, 그 안의 큰 건물은 박물관이다. 고층 건물이 많은 곳이 오클랜드 시의 다운타운이며 스카이타워가 보인다. 그 뒤쪽의 만을 건너는 교량이 노스 쇼어 쪽으로 건너는 하버 브릿지(Harbour bridge)이다.

으로 장식되어 있어 아주 멀리서도 보이는 오클랜드의 상징물이다. 이 탑에 있는 전망대에 오르면 주변 80km 거리까지 전망할 수 있다. 또 이 탑에서 줄에 매달려 스카이 점프(sky jump)를 하는 것은 스릴 만점이다.

또 하나 소개하고 싶은 거리가 파넬(Parnell) 거리이다. 이 거리에는 오래된 가옥이 많고 음식점과 술집이 많다. 시에서 이 거리를 재개발하려 했으나 어떤 독지가가 이 거리의 집을 대부분 사서 오래된 주택은 옛 모습 그대로 보존하고, 그 밖의 것도 외부는 원형 그대로 둔 채 내부를 음식점과 술집으로 개조하여 소박하면서도 정감이 있는 거리로 만들었다.

　뉴질랜드 대부분의 시가 그러하지만 오클랜드 시에도 녹지 공원이 매우 많다. 대표적인 것이 오클랜드 도메인(Auckland Domain)과 원 트리 힐 파크(One Tree Hill Park)이다. 다운타운에서 가까운 오클랜드 도메인에는 넓은 잔디 광장과 숲속 산책로가 여러 갈래로 나 있다. 전쟁 기념 박물관이 있고, 윈터 가든(winter garden)이 가볼 만한 곳이다. 원 트리 힐 파크는 낮은 분석구를 중심으로 형성된 아주 넓은 녹지로 이 공간의 아름다움에 매료되어 뉴질랜드에 살게 되었다는 한국인들이 많다고 한다.

　오클랜드 시는 동서로 바다에 접해 있어 경치가 아름답다. 하버 브릿지(Harbour Bridge), 노스 쇼어, 데본 포트(Devon Port), 미션 베이(Mission bay) 등 명소들이 즐비할 뿐더러, 바다에는 무수히 많은 요트가 떠 있어 더욱 아름다운 풍경을 연출한다.

18 90마일 비치

오클랜드 시 북쪽의 좁고 긴 반도(길이 340km, 최대 폭 80km) 지역을 노스랜드 지방이라 하며, 이 반도 끝에 더 좁은 아우푸리(Aupouri) 반도(길이 90km, 폭 12km)가 있고, 이 반도의 서쪽 해안을 따라 형성된 긴 비치가 90마일 비치다. 뉴질랜드 섬 전체를 사람에 비유하면 북도는 사람의 상체에 해당하고, 노스랜드는 오른팔을 들고 있는 형상이며, 그 끝의 아우푸리 반도는 검지손가락을 펴서 북쪽을 가리키고 있는 모습처럼 보인다. 아우푸리 반도 끝 부분에 랭아 곶(Cape Reinga), 노스 케이프(North Cape) 등의 지명이 있는 곳이 원래는 고도 300m 전후의 고립된 화산섬이었으나 뒤에 사주에 의해 노스랜드와 연결되어 큰 규모의 육계도와 육계사주 지형이 되었다. 연결된 사주 부분의 최대 고도는 100m 전후이고, 폭은 10km 전후이며, 이 사주의 서쪽 해안이 거의 일직선에 가까운 비치를 이루고 있다. 90마일이라 이름 붙여졌지만, 실제 길이는 96km(약 60마일 정도)라 한다.

이곳은 모래가 아주 고우면서도 단단하여 관광객을 태운 버스가 사빈의 바다 쪽 얕은 수심 지역을 따라 전속력으로 달릴 수 있다. 왼쪽은 파랑이 줄지어 밀려오는 바다이고, 오른쪽은 약 50m 폭의 사빈과 그 후면의 잔잔한 사구가 계속되는 바닷길을 2시간여 달리는 것은 참으로 환상적인 여행이다.

인구는 많은데 해안의 비치는 좁아서 여름철마다 콩나물시루처럼 사람들

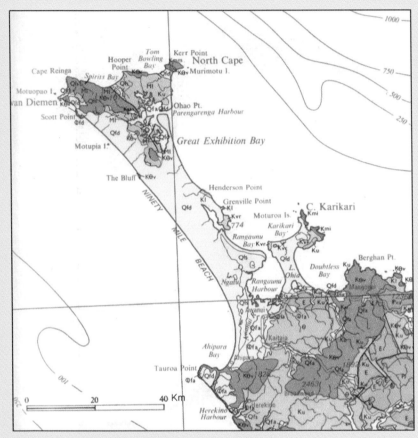

그림 2-3_ 아우푸리 반도의 지질도(New Zealand Geological survey, 1/100만 지도)

황색(Qfa)으로 표시된 것이 제4기 비치 및 사구사이고, 적갈색(Mi, Ku)으로 표시된 것이 백악기 말 및 신생대 초에 분출한 화산암이다. 북쪽 끝의 노스 케이프와 랭아 곶은 독립 화산섬이었는데, 뒤에 비치 및 사구사로 이루어진 사주에 의해 연결되어 육계도가 되었다. 이 육계사주의 서쪽 해안이 90마일 비치다.

사진 2-8_ 90마일 비치(큰 사진은 New Zealand Souvenir Co.의 엽서, 작은 사진들은 필자 촬영)
위 사진은 모래 썰매장으로 이용되고 있는 사구이고, 아래 사진은 이 비치를 전속력으로 달리는 관광버스의 모습이다.

로 북적대는 우리나라의 해수욕장과는 아주 대조적으로, 2시간 넘게 버스로 달리면서 본 수영객은 겨우 수십 명에 불과했다. 이 90마일 비치에 우리나라 해수욕객 모두를 풀어놓으면 어떨까? 그래도 꽤 공간의 여유가 있을 듯하다.

이 비치의 북쪽 끝에는 식물이 전혀 피복되지 않은 사구 언덕이 많이 형성되어 있어 이 사구의 꼭대기에 올라가 널빤지로 만든 모래 썰매를 타고 200~300m씩 미끄러지는 것이 이곳 관광의 하이라이트이다.

19 | 뉴질랜드 개척의 역사가 깃든 베이 오브 아일랜드

베이 오브 아일랜드(Bay of Island)는 노스랜드 북동부에 위치하며, 오클랜드 시에서 버스로 약 4시간 거리에 있는 만이다. 이 지역은 뉴질랜드에서 드물게 있는 지반의 침강 지역이며, 침강의 결과로 형성된 복잡한 만과 약 150여 개의 섬으로 이루어져 있어 아름다운 리아스식 해안의 경관을 보인다. 만 안쪽에 위치한 파이히아(Paihia)가 이 지역의 중심 도시로 인구가 약 2,000명이며, 바다낚시, 돌고래와 수영, 카약, 수상스키, 해상 패러글라이딩 등 온갖 해상 레저의 출발점이다. 이 시의 동북쪽에 와이탕이 트리티 그라운드(Waitangi Treaty Ground)라는 곳이 있는데 낮은 절벽으로 둘러싸여 있고 표면이 평탄한 대지이며, 잔디와 나무로 잘 조경되어 있다. 1840년 2월 6일, 이 대지상에 있었던 한 저택[제임스 버스비(James Busby) 씨의 저택]에서 영국 정부 요원과 50여 마오리 부족장들 간에 조약이 체결되었다. 이 조약의 정신은 지금까지 계속되고 있으며, 이 집을 트리티 하우스(treaty house)라 하여 기념관으로 전시하고 있고, 매년 2월 6일을 와이탕이 데이(Waitangi Day)라 하여 기념행사를 한다. 행사 중에 카우리 소나무로 만든 길이 35m의 카누에 125명의 마오리 전사가 타고 바다를 항해하는 것이 볼 만하다.

파이히아와 트리티 그라운드 사이에 와이탕이 강이 흐르고 하구의 만입에 맹그로우브 습지가 넓게 형성되어 있는데, 이 습지 사이로 둑길이 놓여 있어

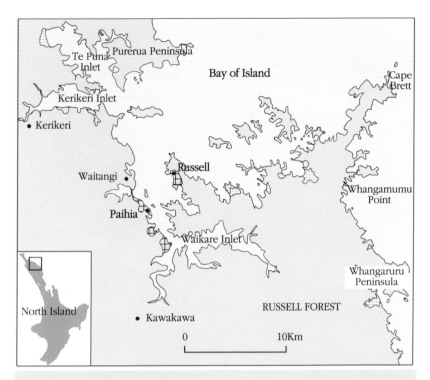

그림 2-4_ 베이 오브 아일랜드 주변 지역

리아스식 해안으로 이주 유럽인이 처음 거주한 지역이며, 마오리와 조약을 맺은 와이탕이 트리티 하우스도 있다. 그러나 무엇보다도 해상 레저 및 생태 관광지로 유명하다.

맹그로우브림의 생태적 특징을 잘 관찰할 수 있다.

파이히아에서 배를 타고 약 30분쯤 가면 러셀(Russell)이라는 인구 1,000 명의 작은 항구가 있다. 이 항구는 18세기 초에 포경선이 기착하던 곳이었으 며, 무법의 마을로 '태평양의 지옥구멍(hell-hole of the Pacific)'이라 불렸는 데 뒤에 뉴질랜드 총독의 이름을 따서 러셀이라 했다. 이곳은 초기 유럽 이주자들의 관문으로 이들의 거주지와 교회가 처음으로 형성된 곳이다. 쿡 선장 기념관, 뉴질랜드에서 가장 오래된 교회 등 개척의 역사를 알 수 있는

사진 2-9_ 파이히아 비치와 포후투카와 꽃(뉴질랜드 관광청 제공)

시설들이 많이 있다. 그러나 현재는 낚시, 굴 농장, 그리고 관광객이 찾는 한적한 어항이다.

20 휴양 도시 타우랑가

　뉴질랜드에서는 외해로 열려 있는 만을 '베이(bay)'라 하고, 입구가 좁고 안쪽 면적이 넓은 내만을 '하버(harbour)'라 부른다. 아마 '내만' 혹은 '피난 처'란 뜻으로 사용되는 것 같다. 정박 시설이 있는 도시를 지칭하는 우리나라 말의 항구는 '포트(port)'라는 용어를 쓰고 있었다.

　플렌티(Plenty) 만은 북섬의 북동쪽에 위치하고 있는 코로만델(Coroman-del) 반도와 이스트(East) 곶 사이의 만이다. 이 만은 타우포(Taupo) 화산대의 북쪽 끝에 해당되어 이 만 중앙에 있는 화이트 아일랜드(White Island)는 화산 활동으로 이루어졌고, 현재도 활동하고 있는 활화산이다.

　플렌티 만 안쪽에 타우랑가 하버(Tauranga Harbour)라는 내만이 있는데 지형적으로 매우 흥미롭다. 즉, 이 내만의 바다 쪽은 남북으로 두 개의 육계사 주와 중앙에 하나의 긴 연안외주(barrier island)에 의해 대부분 막혔고, 그 사이 두 개의 좁은 해협이 외해와 연결된다.

　중앙의 연안외주는 마타카나(Matakana) 섬으로, 길이 25km, 폭 1~2km 의 좁고 긴 섬인데, 사구와 비치로 이루어진 아주 낮은 섬이다. 외해 쪽에는 지금도 계속 모래가 쌓여가고 있다. 육계사주는 남쪽의 마운트 망가누이(Mt. Maunganui)와 북쪽의 보웬타운 헤드(Bowentown Head)라는 작은 유문암질 화산섬을 남쪽과 북쪽에서 성장해 온 사주가 연결되어 형성된 것으로 이들

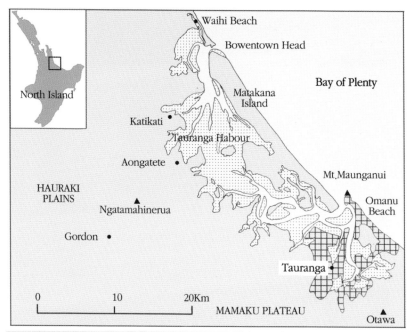

그림 2-5_ 타우랑가 시 주변

망가누이 산과 보웬타운 헤드는 사주에 의해 연결된 육계도이고, 마타카나 섬은 연안외주이다.

섬은 육계도이다. 망가누이 산은 높이 231m의 원추형 화산으로 정상에 오르면 전망이 아주 좋다. 이 만 내부에는 모래 갯벌이 넓게 형성되어 저조시에는 갯벌의 2/3가 드러난다. 갯벌의 해안 쪽에는 빈약하지만 맹그로우브 습지가 형성되어 있다. 뉴질랜드 해안의 맹그로우브 습지는 대략 이 부근까지 나타나고, 이보다 남쪽으로 가면 겨울이 추워서 나타나지 않는다.

타우랑가(Tauranga) 시가지는 이 내만의 남쪽 가장자리에 위치한 인구 약 9만 명의 도시로 플렌티 만 내의 중심 도시이다. 원래 이 도시는 목재 반출항과 어항으로 형성되었다. 그러나 최근에는 연중 온화한 기온, 긴 일조 시수 등의 기후적인 조건과 바다 및 아름답고 넓은 비치 자원 때문에 보양

사진 2-10_ 육계도인 망가누이 산에서 북쪽으로 연안외주 지형인 마타카나 섬을 바라본 모습

사진 2-11_ 망가누이 산에서 남쪽으로 바라본 육계사주 오마누 비치

도시로 각광받아 퇴직한 사람들의 휴양지로 변해가고 있다. 시가지 주변에는 유리한 기후 조건을 이용한 과수원이 많이 입지하고 있으며, 남쪽의 테 푸케 (Te Puke)는 키위 농업의 세계적인 중심지이다.

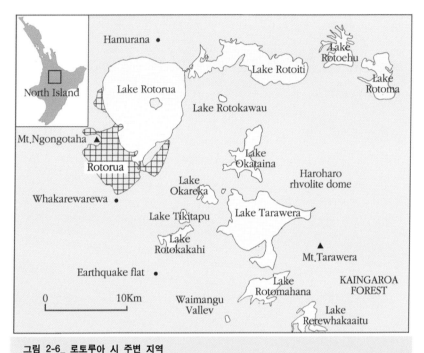

그림 2-6_ 로토루아 시 주변 지역

12개의 화구호, 언지호로 이루어진 화산 관광 지대이다.

　　뉴질랜드 남도는 빙하 지형이 탁월하고, 북도는 화산 지형이 탁월하다. 북도 중에서도 최근까지 화산 활동이 활발히 일어나고 있는 지대를 타우포 화산지대라 하는데, 북도 중앙에 위치해 있으며, 북도에서 가장 높은 산인 루아페후 산(2,797m)에서부터 타우포 호수, 로토루아 호수 지대를 지나 플렌티 만의 활화산인 화이트 아일랜드에 이르는 삼각형의 지대이다.

사진 2-12_ 가버먼트 하우스

과거 정부관리들이 휴양하던 곳으로 주변을 가버먼트 가든이라 한다. 로토루아 호 주변에 위치하며 건물과 정원이 아름다운 곳이다. 현재 주 건물은 박물관으로 이용되고, 부속 건물에는 큰 온천탕이 있으며, 마당에는 볼링 그린(bowling green), 연못, 꽃밭들이 있다.

로토루아 지대에는 큰 호수만 해도 12개나 되는데 이들은 대부분 칼데라 호이고, 일부는 화산성 언지호이다. 이 지역의 화산 분출은 약 25만 년 전부터 현재까지 대규모의 용결 화쇄류성 분출(溶結 火碎流性 噴出, ignimbrite eruption)을 주로 하여 주변에 넓은 화쇄류 대지를 형성했다.

제일 큰 호수가 직경 10km의 칼데라 호인 로토루아 호이며, 이 호수 남서쪽 가장자리에 위치해 있는 시가지가 로토루아 시이다. 도시의 크기가 우리나라의 경주시만 하고, 관광 도시로서의 기능도 같다. 이곳은 화산, 온천, 마오리 문화로 유명한 관광지이다. 이 시가지에는 잔디와 나무로 잘 가꾸어진 세 개의 큰 공원이 있다. 그 하나는 가버먼트 가든(Government Garden)인데, 과거 정부 관료의 휴양지로서 로토루아 호수변에 있고, 가버먼트 하우스

사진 2-13_ 예술가의 팔레트
분출물의 종류에 따라 다양한 색상을 보여 마치 화가가 작업
하다 둔 팔레트와 같다. 앞쪽에 있는 것이 분기공이다.

사진 2-14_ 샴페인 풀
가장자리는 규산이 퇴적된 흰색의 단이고, 안쪽은 붉은 색의
산화철 단이 형성되어 있다.

(Government House)와 온천장, 잔디 볼링장, 골프장 등으로 이루어진 아름다운 공원이다. 다른 두 개는 화산성 지열지대(thermal area)로 시 중앙에 있는 쿠이라우 공원(Kuirau Park)과 시 남쪽에 있는 와카레와레와(Whakarewarewa) 지열지대이다. 이들 두 공원에는 김과 연기를 내뿜는 무수한 분기공(噴氣孔)이 있는 것이 특색이다.

분기공 중에는 작은 것, 큰 것, 진흙탕을 뿜는 머드 풀(mud pool)도 있고, 어떤 곳은 상당히 큰 연못을 이루는 곳도 있는데 이를 가로지르는 좁은 다리를 지나면 앞이 잘 보이지 않고, 유황냄새가 진동하는 연기 속이 마치 지옥의 연옥 속을 지나는 것 같은 착각을 일으킨다.

로토루아 시 남쪽 약 25km 지점에 있는 와이오타푸(Waiotapu) 지열지대에는 더 큰 분기공, 간헐천, 머드 풀이 있는데, 무엇보다도 재미있는 것은 분출물이나 연못의 색깔이다. 즉 규산은 흰색, 유황은 노란색, 산화철은 적갈색, 이산화망간은 자주색, 안티몬은 오렌지색, 액상 유황은 녹색, 탄화 유황은 검은색 등을 나타내어 다양한 색상을 보이므로 이름도 무지개 분화구, 악마의 잉크병, 오팔 풀, 예술가의 팔레트 등으로 붙여져 있다. 이 중에 가장 아름다운 것은 샴페인 풀(Champagne pool)인데, 이 연못의 가장자리는 규산

사진 2-15_ 와이오타푸 지열지대의 간헐천(분출 전과 분출 중의 모습)

이 퇴적되어 흰색의 단을 이루고, 물 밑에는 진홍색의 산화철 단이 형성되어 끓는 물과 더불어 장관이다. 간헐천은 매일 10시 30분에 한 번씩 분출하여 30m 높이의 물기둥을 만들고 있다. 와이오타푸 지열지대 바로 북쪽에 와이망구 화산계곡(Waimangu volcanic valley)이 있다. 이 계곡은 타라웨라 (Tarawera) 화산의 열구와 이 열구의 서남쪽으로 계속되는 호수 열로 이루어진 계곡이다. 타라웨라 화산은 1886년에 분출하여 계곡의 마을을 묻어 153명의 사상자를 내었으며, 산꼭대기에 길이 7km, 깊이 250m의 열구, 즉 구덩이가 형성되어 있다. 그 후에도 1915, 1917, 1924, 1973년에 작은 분출이 계속되어 관광객이 죽고, 호텔이 무너지는 등 피해를 입혔다. 이 열구의 서쪽에 로토마하나(Rotomahana) 호수가 있고, 이 호수의 서쪽 끝을 따라 작은 호수들이 줄지어 있다. 대표적인 것이 프라잉 팬 호수(Frying Pan Lake),

사진 2-16_ 타라웨라 화산 정상에 형성된 길이 7km, 깊이 250m의 열구(그림엽서, New Zealand Cards)

사진 2-17_ 프라잉 팬 호수(뉴질랜드 관광청 제공)

지옥 호수로 크기가 축구장만하며, 표면 수온이 80℃ 정도이고, 또 물이 지하에서 솟아오르고 있어 주기에 따라 수위가 8m씩이나 높아졌다 낮아졌다 한다.

22 뉴질랜드 최대의 타우포 호수

로토루아에서 국도 5호선으로 약 80km
쯤 남서쪽으로 가면 뉴질랜드 최대의 호수 타
우포(Taupo) 호에 이른다. 이 호수는 뉴질랜
드 북도의 대략 중앙에 위치한다. 이 호수는
27×33km 크기(619km²)의 칼데라 호이다.
한 번의 분화로 형성된 것이 아니라, 여러 차
례 분화한 화구가 연결되어 큰 호수를 이루게
되었다. 호수의 가장자리 특히 북쪽과 서쪽을
연하여 직경 4~5km 정도 되는 반원형의 만
(灣)들이 형성되어 있는데 이들 하나하나가
한 번씩 분화하면서 형성된 칼데라들이다.

타우포 화산의 처음 분화는 약 30만 년
전에 시작되었다. 뉴질랜드 화산 역사상 최대
의 분출이 2만 6,500년 전에 분출한 오루아누
이(Oruanui) 분출인데 이때 분출로 화구 주변

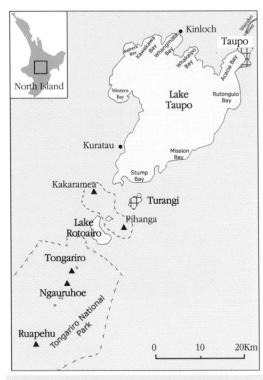

그림 2-7_ 타우포 호수와 통가리로 국립공원

은 200m 두께의 화쇄류와 화산재로 덮였고, 약 100km 동쪽에 위치한 호크
스 베이(Hawke's Bay) 해안에 약 1m, 1,200km 동남쪽에 위치하는 차탐

사진 2-18_ 타우포 호수: 멀리 통가리로 국립공원의 눈 덮인 화산들이 보인다.

사진 2-19_ 후카 폭포

섬에도 10cm 두께의 화산재가 쌓였다. 이 분출의 분화구가 지금 타우포 호의 서쪽 가장자리에 있는 웨스턴 베이(Western Bay)에서 이루어진 것으로 밝혀졌다.

　지금 이 만 주변에는 수직 암벽이 높게 형성되어 있어 암벽 등반자들의 명소가 되고 있다. 마지막 분출은 AD 186년에 있었는데, 수증기와 화산재 기둥이 고공 50km까지 이르렀을 것으로 추정하고 있다. 타우포 호를 중심으로 한 화산 분출은 유문암 등 산성암질 암의 폭발성 분출로 화산체를 높이지 못하고 큰 칼데라와 넓은 화쇄류 대지를 형성할 뿐이었다.

이 호수 주변에는 2단의 호안 단구가 형성되어 있는데, 높은 것은 현재 호면에서 30m 높이로 넓게 형성되어 있다. 이 호수의 물은 북도에서 제일 긴 강 와이라케이(Wairakei) 강으로 흘러가는데 호수에서 나가는 부분에 협곡과 폭포(후카 폭포)가 형성되어 있다. 폭포의 높이는 별로 높지 않지만 유량이 엄청 많아서 장관을 이룬다. 호수 북동쪽에 위치한 인구 약 2만 1,300명의 작고 깨끗한 관광 도시가 타우포 시이다. 맑은 날은 호수 남쪽에 있는 눈 덮인 화산 루아페후, 나우루호에가 호수에 비치고, 호수 주변은 흰 부석으로 된 비치와 암벽들로 이루어져 있어 아름다움을 더한다. 타우포 호의 물은 북도의 중요 상수원으로서 잘 보존되어 있어 바로 마셔도 될 만큼 투명하고 깨끗하다.

23 | 화산 공원 통가리로 국립공원

통가리로 국립공원(Tongariro National Park, 면적 7,600km²)은 타우포 호수 남쪽에 접해 있는 통가리로, 나우루호에, 루아페후(Ruapehu) 산을 포함하는 화산 지대로, 유네스코(UNESCO) 세계 자연(1990년) 및 문화(1993년) 유산으로 등재된 공원이다. 이 지역보다 북쪽 지역, 즉 타우포, 로토루아 지역이 유문암질 폭발성 분출을 주로 하여 높은 산체를 형성하지 못하고 칼데라 지형만을 형성한 것과는 달리, 이 지역은 안산암질 용암과 화산재를 교대로 반복 분출하여 거대한 성층화산을 이루고 있다.

가장 북쪽에 있는 통가리로 화산은 화구가 북, 서, 남, 중앙 화구, 그리고 블루 레이크 크레이터(Blue Lake Crater), 레드 크레이터(Red Crater) 등 모두 여섯 개나 되며 비교적 오래된 화산이다. 이에 바로 접해 있는 나우루호에 화산은 높이가 2,287m이고, 2,500년 전에 분출하기 시작하여 1954, 1975년에도 일시적 분출이 있었던 화산으로 고깔모자를 엎어둔 것과 같은 완전한 원추형의 화산이다. 가장 남쪽에 있는 루아페후 화산(2,797m)은 북도에서 가장 높은 산으로, 약 20만 년 전부터 5,000년 전까지 주활동을 했으며, 최근에도 작은 분출을 계속하고 있다. 특히 1953년 12월 24일에 있었던 분출은 화산 이류(lahar)를 발생시켜, 이 이류가 왕가에후(Wangaehu) 강 계곡으로 돌진하면서 철교를 파괴하고, 때마침 지나가던 급행열차를 삼켜 151명

사진 2-20_ 통가리로 화산 지대, 루아페후 산(좌하)과 나우루호에 산(우하)

의 사망자를 내었다.

이들 화산에 여름철에는 많은 등산객들이 모여들고, 겨울에 눈이 덮이면 많은 스키 관광객이 모여든다. 평지에는 녹색의 초지와 나무들이 있는데, 그 뒤쪽에 눈 덮인 하얀 성과 같은 산체가 우뚝 솟아 있는 모습이 참으로 아름답다. 루아페후 산꼭대기에는 여름에도 눈이 녹지 않는 만년설이 형성되어 있다.

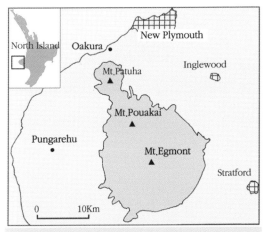

그림 2-8_ 에그몬트 산과 그 주변 지역

에그몬트 산은 현생의 원추화산이고, 포우아카이 산은 플라
네츠 단계에 이른 산이며, 파투하 산은 잔류 화산 단계로
개석된 화산이다.

에그몬트(Egmont) 혹은 타라나키(Tara-naki) 산으로 불리는 이 산은 높이 2,518m로 북도에서 두 번째로 높은 화산이다. 지난 3만 5,000년 동안 이 산에서 네 차례에 걸쳐 거대한 화산성 이류가 발생하여 산록에 반경 약 25km까지 이류성의 완만한 구릉지가 형성되었다. 에그몬트 산은 이 구릉지 중앙에 우뚝 솟은 완전한 원추형의 독립 화산으로 꼭대기에 만년설을 얹고 있다. 이 산 주변 반경 약 10km의 원형 지역이 국립공원으로 지정되어 있는데 국립공원 안쪽 지역은 삼림이 조성되고, 바깥은 초지가 조성되어 삼림과 초지의 경계가 거의 원형을 이루는 것이 흥미롭다.

에그몬트 산의 북서쪽에는 보다 오래된 두 개의 화산이 더 있어서 화산체의 개석 과정을 관찰할 수 있는 좋은 예가 된다. 즉 가장 서쪽의 파투하(Patuha) 산은 60만 년 전에 분출했는데 거의 개석되어 잔류화산 단계에 이르렀다. 중간의 포우아카이(Pouakai) 산은 25만 년 전에 분출했는데, 플라

사진 2-21_ 만년설을 얹고 있는 원추형 화산인 에그몬트 산(뉴질랜드 관광청 제공)

네츠(planez) 단계로 해체되었다. 그러나 가장 동남쪽의 에그몬트 산은 10만 년 전부터 분출하기 시작하여 최근까지 반복 분출해 온 산으로 거의 완전한 원추형의 화산체를 이루고 있다. 이 지역은 편서풍의 바람받이 지역으로 강수량이 많아 에그몬트 산 2,000m 부근은 연 강수량이 8,000mm에 이른다. 따라서 화산체의 해체도 빨리 이루어진다. 에그몬트 산에는 방사상으로 발달 한 하계망이 산체를 개석하고 있으나, 새로운 분출물이 산정부를 계속 덮고 있어 개석곡이 5~7부 중턱까지에만 깊게 들어 있다. 이 산 북쪽 해안에 인구 약 7만 명의 도시 뉴플리머스(New Plymouth)가 위치해 있다. 이 도시는 뉴질랜드 북도 서해안의 중요 항구 도시이며, 주변 농업지역의 낙제품 및 원예 농산물의 집산지이고, 또, 앞바다에는 석유와 천연가스가 발견되어 석유 산업이 발달했다.

사진 2-22_ 철쭉
나무가 크고 꽃송이도 큰 것이 특징이다.

에그몬트 산지, 뉴플리머스의 공원, 그리고 각 가정 정원에 철쭉(rhododendron)을 많이 심어 봄철(10월 말에서 11월 말까지)에 철쭉제가 열린다. 이곳의 철쭉은 교목이며, 꽃송이도 커서 울릉도의 만병초 꽃과 유사하다. 철쭉이 만발한 산야 뒤편에 눈 덮인 원추형의 산이 하늘을 찌를 듯이 솟아올라 있고, 앞바다에는 밝은 모래로 이루어진 비치가 있어 아름다운 풍광을 이룬다.

25 뉴질랜드의 과일 바구니 호크스 베이

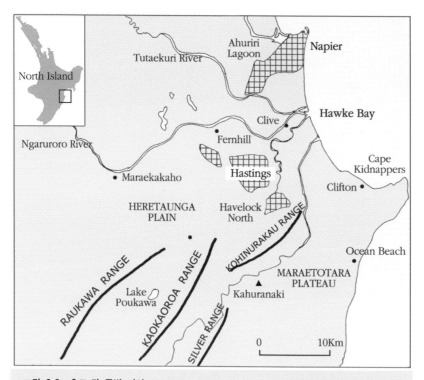

그림 2-9_ 호크 만 주변 지역
네피어와 헤이스팅스 시 주변의 평야 지대는 1931년에 발생한 지진으로 융기해서 육화된 땅이다.

    호크 만은 북섬 동해안 중앙에 위치하는 만이다. 북섬 등뼈 산맥의 동쪽에 위치하고 있어서 따뜻하고 맑은 날씨가 많으며, 해변이 아름다운 관광지이다. 중심 도시는 네피어(Napier, 인구 약 5만 6,000명), 헤이스팅스(Hastings, 인구 약 2만 8,000명)이며, 뉴질랜드의 과일 바구니라는 별명을 얻을 만큼 포도,

사진 2-23_ 네피어 시가지(엽서, New Zealand Souvenir Co.)

붉은 파선 위쪽의 나무가 많은 구릉지가 원래 섬이었던 네피어 시가지였으나 1931년 대지진에 의해 그 남쪽과 북쪽이 육화해서 신시가지가 되었다.

사과, 오렌지, 자두 등을 많이 생산하고 포도주가 유명하다. 포도 농원과 포도주 양조 시설을 견학하고 각종 포도주를 맛보는 관광 코스가 많이 개발되고 있다.

지형적으로는 태평양판이 인도-오스트레일리아판 밑으로 섭입하는 섭입대 후면에 위치하여, 부가-융기-습곡-단층 작용이 활발히 일어나는 곳이다. 라우카와(Raukawa), 카오카오로아(Kaokaoroa), 코히누라카우(Kohinurakau) 산맥은 제3기 석회암으로 된 케스타(cuesta) 지형으로, 북서사면이 완사면이고, 남동 사면이 급사면을 이룬다. 보다 동쪽에 위치하고 있는 실버(Silver) 산맥은 지층의 경사가 급하여 호크백(hogback) 지형을 이룬다.

헤레타웅가(Heretaunga) 평야와 포우카와(Poukawa) 호수 주변은 얕은 바다와 습지였는데 1931년에 발생한 호크 만 지진(진도 7.8)으로 해안 지대가 최대 2.5m 융기하여 약 30km²의 해저가 완전히 육지로 바뀌었다. 이 지진으로 256명의 사망자가 발생하고 네피어 시가지가 모두 파괴되었다.

네피어 시가지에 블러프 힐(Bluff Hill, 50~100m)이라는 구릉지가 있는데 여기가 구시가지이며, 지진 전에는 이 구릉지가 간조 때 드러나는 사주에 의해 연결된 섬이었다. 그러나 지금은 구릉지 주변의 해저가 육지화되어 신시가지와 공항이 건설되었는데, 대부분의 건물들이 당시 유행했던 아르데코(Art Deco) 양식으로 지어져 있어 경관이 특이하다.

헤이스팅스 시는 지진 후에 육화된 땅에 건설된 신시가지로 바둑판 모양의 도로망을 갖춘 아름다운 도시이다.

호크 만의 남단에 위치하는 키드내퍼스(Kidnappers) 곶의 해식애에는 사암, 혈암, 그레이와크(greywacke) 역암, 토탄, 화산재, 조개층 등이 서로 다른 색깔로 배열되어 나타나 있어서 지층 연구에 아주 좋은 장을 제공한다. 이들 지층은 대부분이 100만 년에서 50만 년 전에 형성된 지층들이다.

26 단구 지형이 발달한 왕가누이 시 주변 지역

　북도의 서남해안 지방을 사우스 타라나키(South Taranaki)라 하고, 이 지방의 해안 쪽 만을 사우스 타라나키 바이트(South Taranaki Bight)라 한다. '바이트(bight)'란 용어는 아마도 만의 모양이 활처럼 얇게 휘어졌다고 해서 붙여진 것 같다. 왕가누이(Wanganui)는 사우스 타라나키 지방의 중심 도시로 인구 약 4만 1,000명의 도시이며, 예술의 중심지이기도 하다. AD 1,100년경에 마오리족이 뉴질랜드로 이주해 올 때 처음 상륙하여 거주지가 형성되었던 곳이기도 하다.

　이 지역은 제3기 지질이 분포하고 계속 융기하고 있어서 왕가누이에서 북쪽으로 하웨라(Hawera)까지는 해안에 해식애가 형성되고 있고, 해식애 뒤쪽에 해안단구가 모식적으로 발달해 있다.

　필란(Pillans, 1990)의 연구에 의하면 모두 12단의 단구면이 분류되었고, 가장 낮은 단구는 8만 년 전에 형성되어 7~15m의 높이이고, 가장 높은 면은 68만 년 전에 형성되었으며 높이가 375m이다. 특히 나리노(Ngarino) 단구애 (면의 고도 81~120m, 형성 시기 21만 년 전)는 너무나 뚜렷하여 인공위성 사진에서도 그 애면을 추정할 수 있다고 한다. 또 그는 이 지역의 융기율을 연간 0.2~0.7mm로 계산하고, 해안에서 내륙 쪽으로 갈수록 융기율이 커진다고 했다.

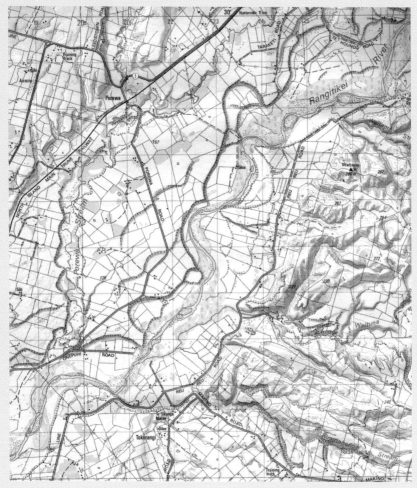

그림 2-10_ 랑기티케이 강 주변의 하안단구(1/5만 뉴질랜드 지형도)
하천 양안에 여러 단의 하식애가 나타나 있는 것을 볼 수 있다.

또 이 만으로 왕가누이, 왕가에후(Whangaehu), 타라키나(Tarakina), 랑기
티케이(Rangitikei) 등 비교적 큰 강이 유입되는데, 이들 하천은 모두 심한
감입곡류를 하고, 양안에 여러 단의 하안단구를 형성하고 있다. 지형이 너무

나 모식적이어서 비전공자도 이 지형들을 보고 하안단구를 이해할 정도이다.

왕가누이에서부터 남쪽 오타키(Otaki)까지는 하천이 형성한 충적평야 위를 해안에서 바람의 작용으로 형성된 사구 지형이 덮고 있는 지형이 나타난다. 사구의 가장 넓은 폭은 해안에서 20km 내륙까지 형성되어 있고, 내륙 쪽에 가장 높은 사구의 고도는 100m 전후이다. 서북서 바람에 의해 모래가 운반되었으므로 사구열도 서북서-남남동 방향으로 줄지어 있고, 끝에는 헤어핀(hair pin) 사구의 형태를 취한다. 사구에 막혀 형성된 작은 호수들도 많이 형성되어 있다. 이와 같이 이 지역은 해안단구, 하안단구, 해안사구의 모식지이다.

27 | 활단층을 타고 앉은 수도 웰링턴

웰링턴(Wellington)은 뉴질랜드 수도로 북도의 남쪽 끝 웰링턴 만 내에 위치하고 있고, 인구 약 41만 4,000명의 뉴질랜드 제2의 도시이다.

처음에 뉴질랜드의 수도는 오클랜드였으나, 위치가 북쪽 끝에 편중되어 있어서 1865년 국토의 중간지점이라 할 수 있는 이곳으로 이전되어 오늘에 이르렀다.

시가지의 중심부는 램턴(Lambton) 항구 주변에 형성되어 있고, 중심 거리도 램턴 키(Lambton Quay) 거리로 이 거리 북쪽 끝에 행정부 건물 비하이브 (Beehibe, 벌집 모양으로 지어져 붙여진 이름이다)와 국회의사당이 함께 있으며 아름답게 조경되어 있다.

중심 시가지 동남쪽에 접하여 196m 높이의 빅토리아(Victoria) 산이 있어서 이 산에 오르면 항구와 전체 시가지를 조망할 수 있다.

웰링턴 시가지에서 저지는 중심 시가지가 형성된 항구 주변과 국제공항이 건설된 곳뿐이고, 그 밖의 대부분의 시가지는 100~200m 고도의 구릉지상에 형성되어 있다. 저지의 중심 시가지와 구릉지의 주거지 사이에 갑자기 변하는 고도를 극복하기 위해 케이블카(cable car)가 운행된다. 이름은 케이블카지만 줄에 매달린 것이 아니고 스위스의 고산 철도와 같은 전철이다. 케이블카를 타고 구릉지에 오르면 이곳 제일의 빅토리아 대학과 유명한 보타닉 가든

사진 2-24_ 뉴질랜드 행정부 건물 비하이브

벌집 모양으로 지어져 있다고 '비하이브(Beehibe)'라 하고, 오른쪽 석조 건물이 국회의사당이다.

(botanic garden)이 있다.

웰링턴 시는 '바람의 도시'란 별명이 있을 만큼 바람이 강하게 부는 날이 많다. 어떨 때는 도시 전체가 '윙윙'거리는 소리가 나서 마치 벌이 분봉할 때 나는 소리와 같다. 이렇게 바람이 심한 것은 편서풍이 강한 남위 40° 부근이고, 이 편서풍이 남도와 북도 사이 쿡 해협을 지나기 때문인 것으로 생각된다.

웰링턴 시 주변에는 많은 활단층이 형성되어 있다. 서쪽에서부터 오하리우(Ohariu), 문쉰(Moonshin), 웰링턴, 화이트만스 벨리(Whitmans Valley), 와

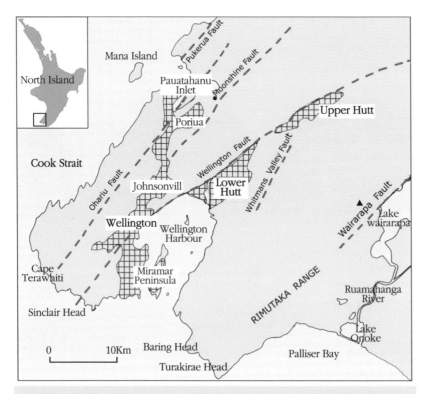

그림 2-11_ 웰링턴 시 주변 지역

활단층 웰링턴 단층이 시가지 중앙을 가로지르고 있다. 미라마르 반도는 원래 섬이었는데 1855년 와이라라파 단층운동 때 융기해서 육지로 연결되었고, 그 사이 해저가 융기한 땅에 현재 국제공항 이 건설되어 있다.

이라라파(Wairarapa) 단층들이 그것이다. 이들 단층들은 모두 북동-남서 방향의 주향이며, 우수주향 이동과 서쪽 부분이 상승하는 경동지괴 운동을 하는 단층들이다. 이들 활단층 중에서 가장 규모가 크고 대표적인 단층이 웰링턴 단층으로 웰링턴 시가지를 관통하고 있다. 웰링턴 단층의 대규모 단층운동(규모 7.5 이상)의 재현 기간은 500~700년이며, 현재는 이와 같은 규모의 지진이 있은 지 300~400년이 지났다. 1855년 와이라라파 단층운동 때 웰링턴 주변

사진 2-25_ 케이블카의 구릉지 종점에서 내려다본 웰링턴 시가지

선로의 가운데 톱니와 같은 기어가 있다. 앞 잔디 광장은 빅토리아 대학의 운동장이다. 멀리 보이는 구릉지는 전체 시가지를 조망할 수 있는 빅토리아 산이다.

사진 2-26_ 보타닉 가든 중의 로즈 가든

사진 2-27_ 웰링턴 만에서 본 웰링턴 시가지
주거지가 구릉 꼭대기까지 형성되어 있다.

의 땅이 2~3m 정도 융기했다. 현재 미라마르(Miramar) 반도로 불리고 있는 이 반도는 원래는 웰링턴 만 내에 있었던 미라마르 섬이었는데 이 지진으로 그 사이 해저가 융기하여 육지와 연결되었으며, 융기한 해저 평탄 지형을 이용하여 웰링턴 국제공항이 건설되었다.

웰링턴 시가지의 중심 거리인 램턴 키 거리는 이 거리 지명의 의미와 같이 이 해안을 따라 형성된 부두거리였는데 와이라라파 단층운동으로 그 앞바다가 융기하여 시가지가 바다 쪽으로 전진하면서 현재는 해안선에서 500~1,000m 정도 안쪽에 위치하는 거리로 변했다. 이와 같이 이곳의 단층운 동은 심한 재앙을 주는 동시에 넓고 새로운 땅을 보상으로 만들어주었다고 할 수 있다.

28 | 단층 지형의 모식지 와이라라파 단층

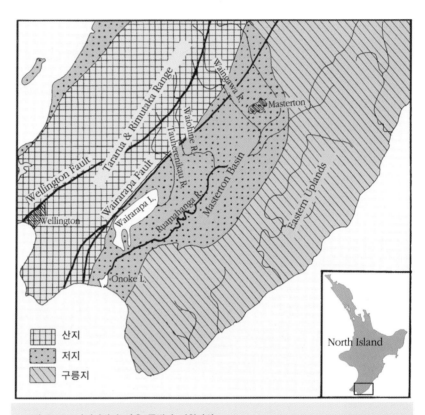

그림 2-12_ **와이라라파 단층 주변의 지형단위**

이 단층 주변 지형은 서부 산지(타라루아 및 리무타카 산지), 중부 저지(마스터톤 분지), 동부 구릉지(동부 고지)로 크게 세분된다.

웰링턴에서 차로 약 2~3시간 동쪽으로 등뼈 산맥인 리무타카(Rimutaka) 산맥을 넘으면 와이라라파(Wairarapa)라는 큰 호수가 있는데, 이 주변 지역을

사진 2-28_ 와이라라파 단층

1만 년 BP경에 형성된 선상지면을 절단하고, 약 20m의 애면을 형성하고 있다. 왼쪽부분에는 부분적으로 부풀어 오른 단층애가 보인다.

사진 2-29_ 와이호힌 강의 하안단구

단층운동으로 침식 부활을 일으켜 형성된 하안단구가 숲 속에 나란히 보인다.

일반적으로 와이라라파 지역이라 한다. 〈그림 2-12〉에서 볼 수 있는 것과 같이, 와이라라파 단층은 북동-남서 방향으로 형성되어 있는데 이 단층의 서쪽을 인접하여 리무타카, 타라루아(Tararua) 산맥이 형성되어 있다. 이 산맥은 북도 등뼈 산맥의 남쪽 부분에 해당되며, 삼첩기 및 쥬라기 사암, 즉 그레이와크로 이루어졌고, 습곡·단층운동을 받아 분수령은 1,000~1,500m의 고도를 이룬다.

와이라라파 단층의 동측을 연해서는 저평한 퇴적평야인 마스터톤 분지(Masterton Basin)가 접해 있는데, 이 분지는 남북 길이 77km, 동서 폭 20km의 좁고 긴 저지이다.

루아마항가(Ruamahanga) 강과 그 지류 와잉가와(Waingawa), 와이오힌(Waiohine), 타우헤레니카우(Tauherenikau) 강들이 서부 산지로부터 운반해 온 퇴적물을 곡구에 퇴적하여 이룬 합류 선상지 지형이 분지저 지형의 대부분을 차지한다. 루아마항가 강 하류부에 수면의 표고가 거의 해면과 같은 커다란 와이라라파 호수(23×7km)가 형성되어 있고, 이 하천의 하구에는 다시 오노케(Onoke)라는 석호가 형성되어 있다.

마스터톤 분지의 동쪽을 연하여 300~500m 고도의 구릉지인 동부 고지(Eastern Upland)가 이루어져 있는데 이들 지질의 대부분은 제3기 해성이암(海成泥岩), 사암 그리고 석회암으로 이루어져 있다. 와이라라파 단층은 우수 주향 이동을 주로 하고 부차적으로 역단층 운동을 하는 활단층이다.

와이라라파 단층은 이 단층을 횡단하는 루아마항가, 와잉가와, 와이오힌, 타우헤레니카우 강들이 형성한 선상지면을 선명하게 절단하여 약 20m 높이의 단층애를 연속적으로 만들고 있다.

렌센과 벨라(Lensen and Vella, 1971)는 와이오힌 강이 서부 산지에서 중앙 저지로 나오는 출구에서 6단의 하안단구를 분류하고, 와이라라파 단층

단구	변위(m)	
	수직	수평
A	18.6	118.5
B	14.9	100.3
C	12.5	86.9
D	10.4	67.4
E	3.7	31.4
F	1.5	12.2

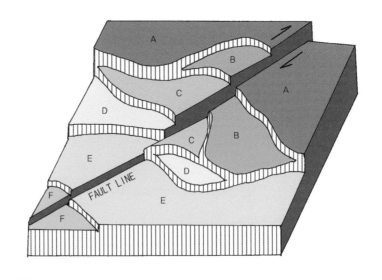

그림 2-13_ 와이라라파 단층에 의해 변위된 와이오힌 강 좌안 하안단구 변위량 실측도(Stevens, 1983을 참고로 재작성)
오래된 단구일수록 수평 및 수직 변위량이 많음을 알 수 있다.

이 이들 단구면을 변위시킨 변위량을 계산했다(〈그림 2-13〉). 최종빙기 후기 최성기(약 2만 년 BP 전후)에 형성된 것으로 편년하고 있는 가장 넓은 단구면인 와이오힌 면(〈그림 2-13〉의 A면)의 변위량이 수평적으로 118.5m, 수직적으로 최대 20m 인 것으로부터 이들은 이 단층의 평균 변위량을 수평적으로 6mm/y, 수직적으로 0.5mm/y로 계산했다.

그러나 그 뒤 그랩과 웰만(Grape and Wellman, 1988)은 와이오힌 면의 형성 시기를 1만 년 BP 전후로 편년하고, 이 단층의 수평 변위량을 12mm/y

로 계산했다. 단층운동은 매년 조금씩 하는 것이 아니라 에너지가 수백, 수천
년 동안 계속 축적되다가 큰 지진을 동반하며 한꺼번에 움직여서 지형을
변위시킨다. 와이라라파 단층이 와이오힌 강을 지나는 부분에 와이오힌 면(1
만 년 BP전후에 형성)보다 낮은 5단의 단구면을 분류할 수 있는데, 이것은
이 지역에서 1만 년 BP 이후에 적어도 다섯 번 이상의 큰 지진이 있었다는
것을 의미한다.

　1855년에 있었던 와이라라파 지진은 규모(magnitude) 8.2로 뉴질랜드에
서 현대 장비에 의한 지진 관측이 이루어진 이래 최대의 지진이다. 이 지진으
로 인접한 와이라라파, 웰링턴 지역은 말할 것도 없고 북쪽과 남쪽으로 약
150km 거리에 있는 왕가누이 및 카이코우라 지방까지 땅이 갈라지고, 산이
무너지며, 집이 넘어지는 등 많은 피해를 입었다. 이 지진으로 와이라라파
단층은 수평 변위 12.2m, 수직 변위 최대 2.7m를 기록했다.

　일반적으로 선상지와 같은 제4기 지형면에 형성된 단층애는 매우 낮고
곧 무너져버려 단층운동의 성격과 운동량을 계산하는 데 어려움이 많다.
그러나 와이라라파 단층은 최근에 큰 운동이 있었고, 그 변위량도 매우 커서
다양한 단층 변위 지형을 관찰할 수 있어 활단층 연구자들은 꼭 한번 답사해
볼 만한 곳이다.

　수직 및 수평 변위를 읽을 수 있고, 형성 시기가 다른 단구를 가로질러
절단하고 있으므로 단층운동의 누적 효과를 계산할 수 있다.

　또 〈그림 2-14〉, 〈그림 2-15〉에서 볼 수 있는 것과 같이 단층선의 수평변
위와 관련하여 나타나는 부풀어 오름(bulge), 함몰(trough), 오프세트(offset),
개다리 모양의 변위(dog-legged displacement)와 같은 특수 변위 지형들도
관찰할 수 있다.

　필자는 2003년 9월에 나흘 동안 혼자서 이 단층선을 따라서 걸었다.

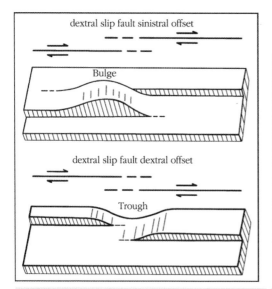

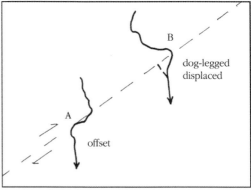

그림 2-14_ 주향 이동 단층의 변위와 관련된 부풀어 오른 단층애(bulge)와 함몰된 단층애(trough) 모식도

그림 2-15_ 단층선을 횡단하는 소하천의 굴곡현상

초록빛 목초지와 동백, 목련 및 이름 모를 꽃들이 피어 있어 너무나 아름다웠고, 지형도 전형적이어서 참으로 좋았는데, 하루 종일 다녀도 가끔 한두 대의 차를 만났을 뿐 걸어다니는 사람은 만나지 못하는 한적함 때문에 외로움을 느끼곤 했다. 목장의 양과 소들도 혼자 걸어다니는 내가 이상하게 보였는지 풀을 뜯다말고 내 쪽으로 몰려와 쳐다보며 이상한 소리를 내었다.

29 | 융기 비치 투라키라에 곶

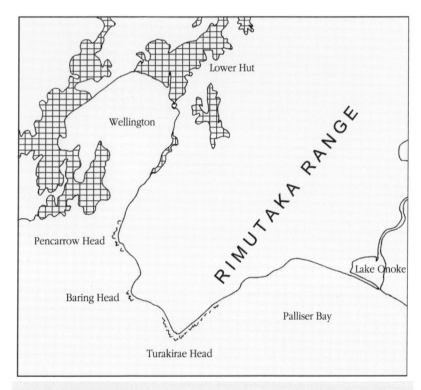

그림 2-16_ 투라키라에 곶

리무타카 산맥의 남단으로 빠른 속도로 경동 운동을 하고 있다.

북도의 남단 웰링턴 만과 팰리서(palliser) 만 사이에 리무타카 산맥의 남단부가 바다 쪽으로 돌출해 있는데, 이 돌출부에 세 개의 곶(Head)이 있다. 가장 서쪽의 것이 펜카로우 곶(Pencarrow Head), 중앙의 것이 베링 곶(Baring

사진 2-30_ 투라키라에 곶의 융기 비치(N.Z.G.S. photo: D. L. Homer)

Head), 가장 동쪽에 위치하고 있는 동시에 가장 남쪽으로 돌출한 것이 투라키라에 곶(Turakirae Head)이다. 28장에서 이미 언급한 것과 같이 리무타카 산맥은 동쪽 가장자리에 와이라라파 단층이 형성되어 동쪽이 빠른 속도로 융기하는 지괴 운동을 하고 있다. 이 해안에 다양한 해안단구가 형성되어 있어서 가장 높은 것은 820m의 것도 있다. 대략 10만 년 전에 형성된 것으로 편년되는 해안단구가 펜카로우 곶에서 21m, 베링 곶에서 90m, 투라키라에 곶에서 210m의 고도를 보여 이 산맥이 빠른 속도로 경동 운동을 하고 있다는 것을 증명하고 있다. 투라키라에 곶에는 또한 6,000년 전 이래 융기를 나타내는 4단의 융기 비치가 형성되어 있다.

웰만(Wellman, 1969)은 가장 낮은 단이 1855년 와이리라파 지진과 동시에 발생한 단층운동에 의해 형성되었고, 가장 높은 단은 높이가 30m에 이르는데 약 6,500년 전에 형성된 것으로 편년하고 있다. 따라서 이 지역의 융기 속도는 4mm/y가 넘는 것으로 계산된다.

제3부

남도의
여러 지역

뉴 질 랜 드 지 리 이 야 기   NEWZEALAND Geography 남 도 의 여 러 지 역

30 남도의 지역 구분

31 남·북도 간의 좁은 해협, 쿡 해협

32 지형적으로 흥미로운 넬슨 시 주변 지역

33 페어웰 사취와 골든 베이

34 포도주의 명산지 블레넘

35 생태 관광의 명소 카이코우라

36 뉴질랜드 최대의 캔터베리 평야

37 공원처럼 아름다운 크라이스트처치

38 빙하 지형이 탁월한 웨스트랜드

39 웨스트랜드 국립공원

40 남알프스의 세 고개

41 아름다운 빙하호

42 관광 및 레저의 명소 퀸스타운

43 피오르드랜드 국립공원

44 준평원 경관을 보이는 오타고 지방

45 스코틀랜드풍의 더니든 시

46 신기한 구형의 돌 모에라키 볼더

북도에서와 마찬가지로 남도의 주요 토픽을 이야기하기 전에 남도의 지역 구분과 분류된 각 지역의 특색을 간단히 요약해 보기로 한다.

　1) 넬슨(Nelson): 넬슨 시(인구 약 5만 2,000명)를 중심으로 한 남도의 북서부 지역으로 일찍이 유럽계 백인이 이주하여 개발한 지역이다. 북쪽으로 태즈먼 만과 골든 베이(Golden Bay)가 열려 있고, 서, 남, 동쪽은 높은 산지에 둘러싸여 있다. 골든 베이 북쪽 끝에 길이 25km에 달하는 거대한 사취인 페어웰 스피트(Farewell Spit)가 유명하다. 타카카 힐(Takaka Hill)은 대리석으로 된 구릉으로 카렌(karren)과 석회동굴 지형이 발달해 있다.

　2) 말보로(Marlborough): 남도의 북동부 지역으로 침강 운동이 일어나고 있어 좁은 협만(뉴질랜드에서는 '사운드'라 한다)이 많이 형성되어 복잡한 해안선을 이룬다. 퀸 샤롯 사운드(Queen Charlotte Sound)라 하는 협만 안쪽에 위치해 있는 픽턴(Picton, 인구 약 4,000명) 시는 뱃길로 북도에서 남도로 오는 관문이다. 와이라우(Wairau) 강 하류 평야에 위치한 블레넘(Blenheim, 인구 약 2만 500명)이 중심 도시인데, 주변에 포도주를 양조하는 포도농원이 많이 분포하고 있다.

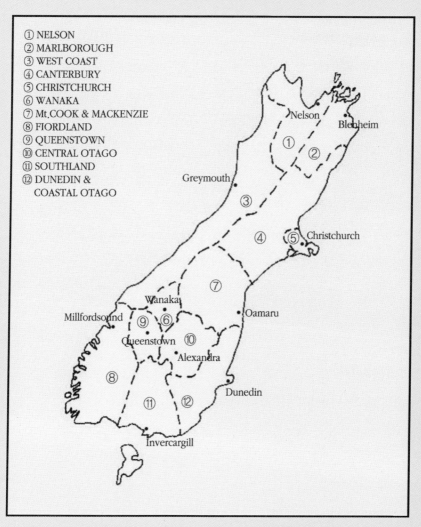

① NELSON
② MARLBOROUGH
③ WEST COAST
④ CANTERBURY
⑤ CHRISTCHURCH
⑥ WANAKA
⑦ Mt.COOK & MACKENZIE
⑧ FIORDLAND
⑨ QUEENSTOWN
⑩ CENTRAL OTAGO
⑪ SOUTHLAND
⑫ DUNEDIN &
   COASTAL OTAGO

그림 3-1_ 남도의 지역 구분

3) 웨스트 코스트(West Coast): 남알프스 산맥 서쪽의 좁은 해안 지대이다. 피오르드 지형이 발달해 있는 서남부 해안은 피오르드랜드로 따로 지방명이 부여되어 있으므로 이 지역은 남도 서해안의 중부와 북부 지역을 지칭한다. 편서풍의 바람받이 지역이므로 강수량이 매우 많고, 빙기 때 빙하가 이 지역을 가로질러 현재의 해안선을 넘어서까지 전진했기 때문에 이 지역에는 빙하퇴석과 늪지가 많은 것이 특색이다. 그레이마우스(Greymouth, 인구 약 1만 3,500명), 웨스트포트(Westport, 인구 약 5,300명)가 중심 도시이며, 과거 골드러시 및 석탄 적출항으로 역할이 컸다.

4) 캔터베리(Canterbury): 남알프스 산맥의 동사면을 흘러내리는 애슐리(Ashley), 와이마카리리(Waimakariri), 라카이아(Rakaia), 랑이타타(Rangitata) 강 등이 산지에서 운반해 온 물질을 퇴적하여 형성한 거대한 합류 선상지 지형이다. 광활한 이 충적평야는 뉴질랜드에서 가장 넓은 평야이며, 식량 및 사료용의 곡물 농업이 대규모로 이루어져 뉴질랜드의 곡창으로 불린다.

5) 크라이스트처치(Christchurch): 캔터베리 평야의 중심 도시로, 와이마카리리 강 하구와 화산 지형인 뱅크스 페닌술라(Banks Peninsula)를 포함하는 지역이다. 남도에서 가장 큰 도시인 크라이스트처치 시는 인구 약 31만 명으로, 교통의 요지이며 영국풍으로 건설된 도시의 경관이 매우 아름다워 주요 관광 기착지가 되고 있다.

6) 와나카(Wanaka): 남알프스 산지 동록의 내륙 지역이다. 아름다운 빙하호인 와나카 호와 하웨아(Hawea) 호가 형성되어 있고, 이 빙하호의 말단 퇴석구상에 호수 이름과 같은 아름답고 작은 마을 와나카(인구 약 3,000명),

사진 3-1_ 푸카키 호수에서 바라본 쿡 산과 80번 국도(뉴질랜드 관광청 제공)

사진 3-2_ 다우트풀 사운드(Bob McCree 촬영, 뉴질랜드 관광청 제공)

하웨아(인구 약 1,100명) 시가 형성되어 있다.

7) 쿡 산과 맥켄지(Mackenzie): 뉴질랜드에서 가장 높은 산인 쿡 산 (3,754m)을 비롯하여 3,000m 이상의 산 대부분이 모여 있는 남알프스 산지 남부와 그 동록의 와이타키(Waitaki) 강 유역의 분지 지역이다. 남알프스 산맥 산록에는 테카포(Tekapo), 푸카키(Pukaki), 오하우(Ohau) 호 등 아름다 운 빙하호들이 형성되어 있다.

8) 피오르드랜드(Fiordland): 남도 남서 해안 지역으로, 밀포드 사운드

(Milford Sound), 다우트풀 사운드(Doubtful Sound) 등 14개의 피오르드 지형이 발달해 있는 해안과 테 아나우 호(Lake Te Anau) 등 5개의 빙하호로 이루어진 내륙 지역이다. 전 지역이 국립공원으로 지정되어 있으나 동부의 마나포울리(Manapouli), 테 아나우, 밀포드를 잇는 94번 및 95번 국도를 연한 지역을 제외하면 도로나 거주지가 형성되어 있지 않아서 배가 아니면 접근이 매우 힘들다. 따라서 자연의 비경이 그대로 보존되어 있는 곳이라 할 수 있다.

9) 퀸즈타운(Queenstown): 남부 내륙 지역으로 아름다운 빙하호인 와카티푸(Wakatipu) 호, 퀸즈타운(인구 약 7,500명), 애로타운(Arrowtown, 인구 약 1,700명)으로 이루어진 지역이다. 1800년대 애로 강에 금이 발견되어 많은 사람들이 모여들어 개발된 지역이었으나 현재는 고원, 빙하호, 협곡들의 아름다운 자연 경관과 관련된 관광 명소로 각광을 받고 있는 지역이다.

10) 센트럴 오타고(Central Otago): 남부 내륙 지역으로 경사가 완만한 산맥과 분지들로 이루어진 지역이다. 지형적으로 백악기 준평원으로 잘 알려져 있고, 주빙하 지형 및 토르 지형이 넓게 발달해 있다. 기후적으로 뉴질랜드에서 가장 건조한 지역이며, 한서의 차가 큰 대륙성 기후를 나타낸다. 알렉산드라(Alexandra), 랜풀리(Ranfurly)와 같은 작은 마을이 형성되어 있다.

11) 사우스랜드(Southland): 남도의 남단 지역으로 오래된 지질에 준평원 지형 경관을 보이는 지역이다. 뉴질랜드 최남단 도시 인버카길(Invercargill, 인구 약 5만 4,000명)은 이 지역의 중심 도시이다. 스코틀랜드 이주민이 건설한 도시로 도로 공간이 매우 넓은 것이 특징이다.

12) 더니든(Dunedin)과 코스탈 오타고(Coastal Otago): 남도의 남동부 지역으로 낮고 완만한 구릉지로 이루어진 준평원 지형의 경관을 보인다. 오타고 지방의 중심 도시 더니든(인구 약 12만 명)은 남도에서 두 번째로 큰 도시이고, 스코틀랜드 이주민이 건설했다. 도시 중심의 옥타곤(octagon) 구조와 시청, 성당, 역사 등 아름다운 건물이 많기로 유명하다. 명문 오타고 대학도 이곳에 있다.

31 남·북도 간의 좁은 해협, 쿡 해협

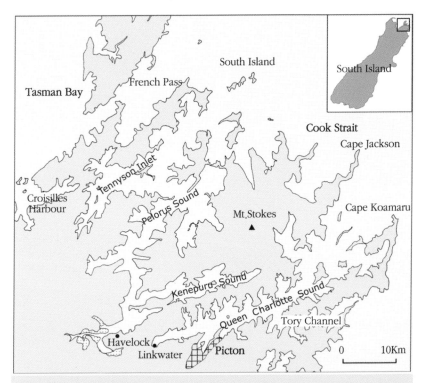

그림 3-2_ 말보로 사운드

북도 웰링턴에서 오는 배는 토리 수로 쪽으로 들어와서 퀸 샤롯 사운드를 지나 남도의 관문 픽턴에 이른다.

뉴질랜드의 북도와 남도 사이의 해협을 처음 탐험한 쿡 선장의 이름을 따서 쿡 해협(Cook Strait)이라 한다. 이 해협의 최단거리는 23km이다. 그러나 웰링턴 항구에서 픽턴(Picton) 항구까지의 뱃길은 이의 4배에 달하는 약

사진 3-3_ 토리 수로(엽서, Colourview Publications)

100km의 거리이다. 화물과 승용차, 승객들을 태운 2,000~3,000톤급 선박이 하루에 다섯 차례 정도 운행되고, 운행 시간은 3시간 30분 정도 걸린다. 웰링턴 항구에서 웰링턴 만의 만구까지 나오는 뱃길은 웰링턴 시가지와 단층 지형을 먼 거리에서 조망할 수 있는 참으로 아름다운 뱃길이다.

쿡 해협을 건너 남도의 토리 수로(Tory Channel)와 퀸 샤롯 사운드(Queen Charlotte Sound)라 불리는 좁고 긴 아름다운 물길을 한 시간여 지나면, 남도 뱃길의 관문인 픽턴에 도착한다.

남도의 북동부 해안 일대를 말보로 사운드(Marlborough Sound) 지역이라 한다. '사운드(Sound)'란 좁고 긴 협만을 지칭하는 말로, 뉴질랜드 남도 서남부의 협만(fjord) 지형이 발달한 해안에서도 이들 협만을 사운드라 이름 붙이고 있다. 유명한 관광 명소인 밀포드 사운드(Milford Sound)도 그중 하나이다.

사진 3-4_ 픽턴 시가지와 항구(엽서, B. B. Beresford)

말보로 사운드는 펠로러스 사운드(Pelorus Sound), 케네푸루 사운드(Kene-
puru Sound), 퀸 샤롯 사운드 등 많은 협만이 형성되어 복잡한 해안선을
이루는 지역이다. 뉴질랜드는 대부분 지역이 융기하고 있지만 몇 안 되는
침강 지역이 있는데, 말보로 사운드 지역이 그중의 하나로, 북동쪽으로 갈수
록 침강량이 큰 경동 운동을 하고 있다. 해진에 의해 익곡되기 전의 지형은
단층곡이 발달한 기복이 심한 산지 지역이었으나, 후빙기 해진에 의해 깊은
협만이 형성되었다. 이 협만에 둘러싸여 있는 스토크(Stoke) 산은 높이가
1,203m이다. 퀸 샤롯 사운드의 만두(灣頭)에 형성된 아름다운 관광 도시
픽턴은 인구 약 5,000명 정도의 작은 도시이지만 남도 뱃길의 관문 역할을
한다. 그래서 도로와 철도가 잘 연결되어 있고, 숙박 시설, 렌트카 회사들이
모여 있어 남도 여행 출발지로서 손색이 없다.

32 지형적으로 흥미로운 넬슨 시 주변 지역

넬슨 시는 남도의 북쪽 태즈먼 만에 위치하는 인구 약 5만 2,000명의 도시로, 백인 이주 초기부터 형성된 남도 북부의 중심 도시이다. 이 도시는 현재 유리공예, 도자기, 섬유공예, 목공예 등 수공예 예술이 발달한 도시로 이와 관련된 갤러리와 스튜디오가 시가지에 많은 것이 특색이다.

넬슨 시 주변에는 지형적으로 흥미로운 두 가지 사항이 있다.

첫 번째는 자갈이 많고 자갈로 만들어진 특수한 지형이 많다는 것이다. 넬슨 시 주변 지형은 크게 동넬슨 산지와 서넬슨 산지가 있고, 그 사이에 모우테레 저지(Moutere Depression)가 형성되어 있다. 이 저지는 북쪽의 만이 넓어서 폭이 40km에 이르고 남쪽으로 갈수록 좁아지는 삼각형의 저지로 침식곡이 많은 낮은 구릉지를 이룬다. 이 저지는 제3기 말에서 제4기 초에 걸쳐 남쪽의 스펜서(Spenser) 산지로부터 공급된 자갈로 이루어진 거대한 선상지가 침식을 받아 낮은 구릉지가 된 것이다. 자갈층의 두께는 최대 1,500m에 이른다고 한다. 그래서 넬슨 시 주변에는 자갈이 많고 충분히 고결되지 않은 역층으로 이루어진 절벽들을 많이 볼 수 있다. 해안에도 이들 자갈이 파랑과 연안류에 의해 운반되어 자갈로 이루어진 연안외주(barrier island)가 다양하게 형성되어 있으며, 또 이 자갈 둑에 의해 연결된 육계도도 다수 있다.

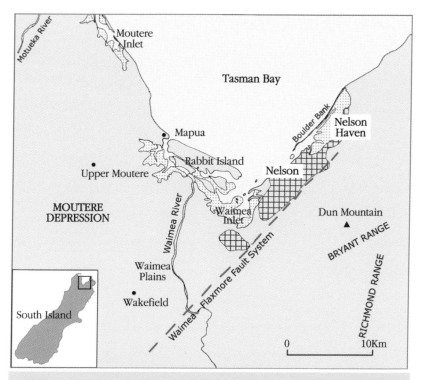

그림 3-3_ 넬슨 시 주변 지역

자갈 둑인 볼더 뱅크, 연안외주인 래빗 아일랜드, 고철질암 산지인 둔 마운틴 산지 등의 흥미로운
지형들이 있다.

넬슨 시가지 북쪽에는 넬슨 헤븐(Nelson Haven)이라 불리는 모래와 염생
습지로 이루어진 넓은 갯벌이 형성되어 있다. 이 갯벌의 외연을 따라 길이
8km, 폭 5m 전후의 긴 자갈 둑이 형성되어 장관을 이루는데, 이것을 넬슨
볼더 뱅크(Nelson Boulder Bank)라 한다. 이 자갈 둑은 그보다 더 북동쪽에
위치하는, 고결이 덜 된 자갈층으로 이루어진 마케이 블러프(Makay Bluff)라
는 절벽이 해식을 받으면서 공급된 자갈이 연안류에 의해 남쪽으로 운반되고,
넬슨 헤븐 앞에 퇴적되어 만들어진 것이다. 넬슨 시가지 서쪽에 형성되어

있는 래빗 아일랜드(Rabbit Island) 등의 섬들도 이들 자갈로 형성된 일종의 연안외주이다.

두 번째로 특이한 지형은 둔 마운틴(Dun Mountain) 산지이다. 동넬슨 산지 중에는 둔 마운틴(1,129m)과 레드 힐(Red Hill, 1,791m)이라는 이름의 산이 있다. 이 산들은 초염기성의 고철질암으로 이루어져서 규산질이 부족하고, 마그네슘, 철, 크롬, 니켈 성분이 많이 포함되어 있다. 철의 산화 때문에 붉은 색을 띠고 또 토양 속에 마그네슘 성분이 많아 그 독성 때문에 식물이 자라지 못하여 민둥산이다. 그래서 산 이름이 둔 마운틴, 레드 힐 등으로 붙여졌다. 넬슨 시 부근의 이들 산지는 알파인 단층선의 북서쪽에 인접하여 분포하고 있다.

이들 산지에서 서남쪽으로 약 480km 정도 떨어진 곳(밀포드 사운드 부근)의 알파인 단층 동남쪽에 접하여 레드 마운틴(Red mountain, 1,704m)이라는 산이 있는데, 이 역시 둔 마운틴 산지와 똑같은 지질이다. 따라서 뉴질랜드 지질학자들은 이들을 '둔 산지 초염기성(Dun Mountain Ophiolite) 벨트'라 하고, 원래는 같이 붙어 있었으나 그 사이를 지나는 알파인 단층이 주향 이동 운동을 계속하고 있기 때문에 서로 어긋나 현재는 480km나 떨어지게 되었다고 해석하고 있다.

페어웰 사취와 골든 베이

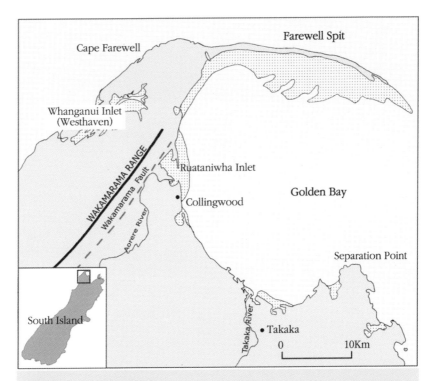

그림 3-4_ 골든 베이 주변 지역

길이 25km의 거대한 페어웰 사취가 형성되어 있고, 이 사취 안쪽 넓은 갯벌 습지는 세계적인 철새 도래지이다.

     페어웰 사취(Farewell Spit)는 남도 북서쪽 끝에서 동쪽으로 계속 성장하고 있으며, 길이 약 25km, 넓은 폭 1~1.5km이고, 이 사취 위에 형성된 사구의 최대 높이는 25m나 된다. 이 사취는 골든 베이(Golden Bay)를 마치

사진 3-5_ 골든 베이

화강암 기원의 주황색 모래로 이루어진 사빈이 넓게 형성되어 있다.

방파제처럼 둘러싸고 있다.

남도 서해안에서 연안류에 의해 북쪽으로 이동된 모래가 골든 베이 앞에서 바다 쪽으로 계속 내다 쌓이면서 만들어진 것이다. 퍼커트(Furkert, 1947)는 매년 328만 m^3의 모래가 이 사취에 부가되고 있다고 추정하고 있으며, 맥린(Mclean, 1978)은 1851~1938년 사이에 이와 같은 모래의 부가 때문에 사취의 폭이 63m나 더 넓어졌다고 한다.

사취가 외해에 바로 접한 북쪽 사면은 경사가 급하고 그 앞에는 좁은 폭의 사빈이 형성되어 있으나 골든 베이에 면한 남쪽 사면은 완만하고 사구열 사이에 습지도 형성되어 있다. 또 그 앞쪽에는 최대 폭 10km의 넓은 사질 갯벌이 형성되어 있고, 염생 식물도 부분적으로 피복되어 있다. 이곳은 많은 종류의 철새가 도래하는 곳으로 국제 지정 습지이다. 따라서 허가받은 안내원의 안내를 받아 지정된 차량을 타야만 견학이 가능하다.

골든 베이는 모래 해안이 잘 발달된 조용한 만으로 모래 빛이 금빛을 띠고 있다고 하여 붙여진 이름이다. 뉴질랜드 해빈은 모래가 검은 색을 띠는 곳이 많은데, 이곳은 화강암 지역으로부터 공급되어 모래 빛이 주황색을 띠고 있다.

골든 베이 남쪽의 타카카(Takaka) 고원은 대리석 고원으로 석회 동굴, 카렌(karren) 지형 등 카르스트 지형이 발달해 있어서 아벨 태즈먼 국립공원으로 지정되어 있다.

34 | 포도주의 명산지 블레넘

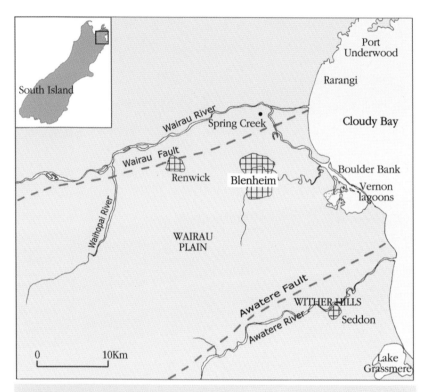

그림 3-5_ 블레넘 주변 지역

두 개의 활단층을 따라 같은 이름의 하천이 흐르고 있으며, 해안에는 볼더 뱅크와 석호가 형성되어 있다. 블레넘 주변의 와이라우 평야는 포도주 양조장을 갖춘 큰 규모의 포도 농원이 많이 분포한다.

블레넘(Blenheim)은 뉴질랜드 남도 북동부의 말보로 지방의 중심 도시이며, 인구는 약 2만 명이다. 와이라우(Wairau) 강이 클라우디(Cloudy) 만에 유입되면서 형성한 충적평야인 와이라우 평야에 위치하고 있으며, 주변에

사진 3-6_ 잘 가꾸어진 블레넘 시의 공원

포도농원이 넓게 분포하고 있어서 뉴질랜드 제1의 포도주 산지이다. 넓은 포도밭과 포도주 제조 시설을 갖춘 농장이 50여 곳이나 있어서 매년 2월에는 포도주 축제가 열린다.

시가지 중심부로 작은 하천[테일러(Taylor) 강]이 사행하면서 흐르고 이 하천과 연결된 아름다운 공원과 시계탑이 유명하다. 주류의 길이 약 160km 인 와이라우 강은 중·하류부 약 100km가 와이라우 단층을 따라 형성되어 있어서 거의 직선에 가까운 유로를 취하고 있으며, 운반되는 퇴적물의 양이 많아 하폭이 넓고, 망류 하도를 이루는 것이 특색이다. 와이라우 단층은 알파인 단층의 북쪽 끝의 한 가닥으로 우수주향 이동을 하는 활단층이다.

와이라우 강은 클라우디 만에 유입하기 직전에 해안사구에 밀려 유로를 남쪽으로 취하고 버논 석호(Vernon lagoon)에 유입되면서 조족상 삼각주 형태의 퇴적 지형을 만든다. 버논 석호는 약 8km 길이의 자갈 둑(boulder bank)에 의해 외해와 분리되어 형성되었다. 이 자갈 둑은 남쪽에서부터 연안류에 의해 운반된 자갈이 북쪽으로 성장하는 사취 형태의 퇴적을 계속하여 만들어진 것이다.

35. 생태 관광의 명소 카이코우라

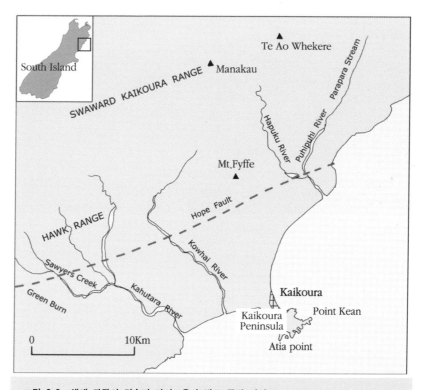

그림 3-6_ 생태 관광의 명승지 카이코우라 반도 주변 지역

지형적으로 두 지각판의 경계가 해구에서 육상의 활단층으로 바뀌는 지점이다.

카이코우라(Kaikoura) 시는 남도 북동 해안에 있는 인구 약 3,000명의 작은 관광 도시이다. 이 시가지는 길이 약 3km의 카이코우라 반도가 갈라져 나오는 기저부에 위치하고 있다. 카이코우라 반도는 석회암과 사암으로 이루

사진 3-7_ 카이코우라 반도의 단구면. 위 사진은 둥근 바다자갈을 포함한 단구 노두

어졌으며, 해안은 100m 높이의 절벽으로 둘러싸여 있고, 꼭대기는 평탄한 일종의 해안단구 지형이다. 바다 가운데로 돌출한 반도이면서 또 절벽으로 둘러싸여 있어서 바다를 조망하기가 매우 좋다. 쿡 선장이 이 앞바다를 지날 때 이 반도에서 마오리족 전사가 바다를 경계하고 있는 것을 보고 이 반도를 'look on peninsula'라 이름 붙이기도 했다.

또 이 반도와 10여 km 떨어진 거리에 눈 덮인 카이코우라 산맥이 형성되어 있는데, 가장 높은 마나카우(Manakau) 산은 2,610m에 달하며, 뉴질랜드에서 남알프스 산맥 다음으로 높은 산맥이다. 이 산맥 남측 기저부를 따라 활단층인 호프(Hope) 단층이 지나고 있는데, 그 운동량이 크고 또 최근으로 올수록 점점 커지는 경향이 있다고 한다.

카이코우라 반도와 카이코우라 산맥 사이의 만을 카이코우라 만이라 한다. 이 만은 그냥 평범한 만이 아니다. 지형학적으로 보면 북도 동해안을 따라 형성된 히쿠랑기(Hikurangi) 해구가 이 만까지 형성되어 있고, 여기서부터 호프 단층과 연결된다. 다시 말하면 태평양 지각판과 인도-오스트레일리아 지각판의 경계가 육지로 상륙하는 지점으로, 우리 지형학도들에게는 참으로 흥분을 느끼게 하는 지점이다. 카이코우라 산맥이 해안에 인접해 있으면서도 2,000m 이상으로 높이 솟은 것도 이와 같은 지각 운동의 결과이다. 이곳은 1980년대부터 해양 생물을 관찰하는 생태 관광의 붐이 일어나 현재 주요 관광 기착지가 되고 있다.

생태 관광 중에서도 가장 백미는 배를 타고 향유고래를 관찰하는 것이다. 깊은 해구가 해안 가까이까지 연결되어 있어, 이 해안에 먹이(오징어)를 찾아 향유고래가 많이 모여드는 것으로 보고되고 있다.

이밖에도 돌고래와 같이 수영하기, 암초 위에 무리지어 쉬고 있는 해표(seal) 관람, 각종 조류 관찰 등 다양한 프로그램이 있다. 이곳은 또 바다가재가 많아서 직접 바다가재를 잡아 요리를 해먹는 즐거움도 맛볼 수 있다. 카이코우라의 식당에는 커다란 바다가재 그림을 내건 간판이 많다. '카이코우라'라는 이름도 바다가재 요리의 이름에서 유래되었다고 한다.

뉴질랜드 최대의 캔터베리 평야

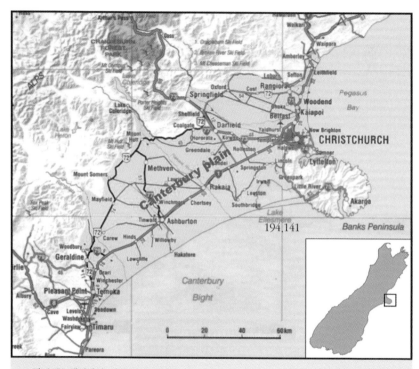

그림 3-7_ 캔터베리 평야 주변 지역

　캔터베리(Canterbury) 평야는 북쪽의 앰버레이(Amberlay) 시에서 남쪽의 티마루(Timaru) 시까지 남도 중부 동안에 형성되어 있는 뉴질랜드 최대의 충적평야이다. 해안 쪽에 남도 최대의 도시 크라이스트처치 시가 있고, 서부 산지 쪽 입구에 스프링필드(Springfield)라는 깨끗한 소도시가 있다. 이 평야는 북동-남서 방향의 길이가 180km, 최대 폭 70km, 면적 약 7,500km^{2}의

사진 3-8_ 캔터베리 평야(Peter Morath 촬영, 뉴질랜드 관광청 제공)

규모이다. 산지가 많은 뉴질랜드에서 광활하고 연속된 평야의 경관을 볼
수 있는 곳이 바로 이곳이다.

　서쪽의 남알프스 산지에서 발원한 와이마카리리(Waimakariri), 라카이아
(Rakaia), 랑이타타(Rangitata) 등의 하천들이 동쪽으로 흐르며 산지 퇴적물을
운반해 오다가 이를 곡구에 퇴적하여 합류 선상지형의 지형이 만들어진 것이
이 평야이다. 모두 완신세에 퇴적된 것만이 아니고, 갱신세 후기에 몇 차례
있었던 빙기 동안 서부 산지에서 형성되었던 빙하의 말단에서 빙하 유수
퇴적평야(outwashplain)가 반복해서 형성되었고, 그 위에 완신세 퇴적물이

사진 3-9_ 캔터베리 평야의 밀 농장: 뒤쪽에 대형 스프링쿨러가 회전하고 있다.

부분적으로 퇴적되었다. 평야면의 경사는 5‰ 정도로 완만하며, 산지에 접한 부분의 평야면 고도는 400m 전후이다. 이 평야 지역은 퇴적물의 무게 때문에 부분적으로 침강하고 있는 지역이며, 역층의 최대 두께는 500m에 이르는 곳도 있다고 한다. 이 평야를 가로지르는 강들은 이 퇴적평야를 지나면서 심한 망류 하도를 형성하고 있어 하상폭이 매우 넓으며, 현재도 하상에 퇴적이 활발히 이루어지고 있다.

캔터베리 평야는 뉴질랜드 최대의 곡창지대로 밀, 감자 등을 재배하는 넓은 농장이 형성되어 있다. 그러나 연 강수량이 600mm 전후인 상대적으로 건조한 지역이어서 지하수를 개발하여 관개를 하는 경우가 많다. 그래서 이 평야를 지나면 팔의 길이가 수십 미터나 되는 대형 스프링쿨러가 회전하면서 물을 뿌리고 있는 광경을 흔히 볼 수 있다.

공원처럼 아름다운
크라이스트처치

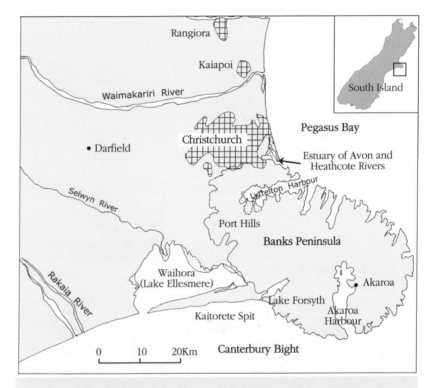

그림 3-8_ 크라이스트처치 시 주변 지역

크라이스트처치 시는 북쪽과 서쪽에 일망무제의 충적평야인 캔터베리 평야에 접해 있지만, 동남쪽
에는 약 1,000만 년 전에 분출한 화산 지형의 구릉지(Banks Peninsula)가 있어 지형적 대조를
이룬다.

크라이스트처치는 캔터베리 평야 중간 부분 해안에 위치해 있는 인구
약 31만 명의 남도 최대의 도시이다. 이 도시는 1850년경 잉글랜드인들이

모국의 도시를 본떠서 잉글랜드풍으로 건설한 도시로 중앙에 대성당과 광장을 두고 그 주변에 도시 시설을 설치했다. 좁은 폭의 에이번(Avon) 강이 도시 중앙을 사행하면서 흐르고 있으며, 이 하천의 좌우안 도로를 케임브리지 테라스(Cambridge Terrace), 옥스퍼드 테라스(Oxford Terrace)라 하여 아름답게 조경하고 있다. 이 하천에서는 독특한 복식을 한 사공이 관광객을 태우고 한가롭게 노를 젓는 모습을 볼 수 있다.

사진 3-10_ 크라이스트처치 중앙 대성당

도시 중앙에는 면적 2km²에 이르는 해글리(Hagley) 공원이 있는데 다양하고 큰 나무들과 잔디밭으로 이루어졌으며, 장미원(rose garden), 수생 식물원(water garden) 등 식물원과 골프장, 잔디구장 등이 설치되어 있다. 이 공원 안으로 역시 에이번 강이 굽이쳐 흐르고 있는데, 많은 물새들이 서식하고 있다.

중앙 대성당에서 해글리 공원까지 거리의 좌우에는 박물관, 갤러리들이 밀집해 있어 관광의 중심 거리이다. 그밖에도 크라이스트처치에는 작지만 많은 공원들이 가꾸어져 있어 도시 전체가 하나의 공원과 같다.

크라이스트처치 남동쪽에 접하여 타원형(20×40km)의 침식된 화산 지형이 바다 쪽으로 돌출한 반도를 형성하고 있는데, 이것을 뱅크스 페닌슐라(Banks Peninsula)라 한다. 이 반도에는 리틀턴(Lyttelton), 아카로아(Akaroa)라 이름 붙여진 두 개의 큰 만이 있는데, 이들은 각각 1,100만 년 전과 900만

사진 3-11_ 흰 제복에 넥타이를 맨 에이번 강의 뱃사공
관광객은 이 배를 타고 한 시간 동안 시가지를 관광한다.

년 전에 리틀턴 화산과 아카로아 화산이 중복 분출한 화구들이며, 그 후 침식을 받고 또 지반이 침하하여, 화구에 바닷물이 들어가서 만이 된 것이다. 가장 높은 곳은 두 화산이 연결되는 허버트(Herbert) 산으로 919m이며, 이 두 화산의 외륜산을 연결하는 능선을 따라 스카이웨이가 만들어져 있어, 그림과 같은 아름다운 경치를 조망할 수 있다. 현재 리틀턴 만은 크라이스트처치의 중심 항구로 이용되고 있고, 아카로아 만에는 인구 750명의 작은 마을인 아카로아가 있는데, 이 마을은 1845년 프랑스인들이 이주해서 건설한 마을로, 각종 프랑스풍의 흔적들이 많이 남아 있는 마을이다.

사진 3-12_ 해글리 공원의 수생 식물원과 거목들

사진 3-13_ 뱅크스 페닌술라

외륜산 능선 순환도로에서 아카로아 만을 바라본 모습

38 빙하 지형이 탁월한 웨스트랜드

뉴질랜드에서 웨스트랜드(Westland)라 하면 남도의 척량 산맥인 남알프스 산맥 서쪽의 해안 지방을 일컫는다. 협만 지형이 탁월한 남도의 서남해안 지방은 피오르드랜드라 하기 때문에 웨스트랜드는 남도 서해안의 중부 및 북부 해안을 지칭한다. 이 지역은 알파인 단층선을 경계로 동쪽은 급경사의 남알프스 산맥이 솟아 있고, 서쪽은 대개 표고 300m 이하의 좁고 낮은 저지를 이룬다. 남알프스 산맥의 최고봉인 쿡 산은 3,764m이며, 그밖에도 3,000m를 넘는 봉우리가 19개나 솟아 있는 거대한 산맥이다. 그래서 웨스트랜드 해안 쪽에서 남알프스 산맥을 바라보면 마치 병풍을 펼쳐둔 것 같다.

또 이 지역은 편서풍이 강하기로 유명한 위도대이다. 바다의 습한 공기를 포함한 편서풍이 남알프스 산맥에 부딪쳐서 강한 지형성 강우를 일으키므로 남알프스 산맥 서사면 중턱에는 연 강수량이 1만 mm를 넘고, 심한 곳은 1만 3,000mm의 강수량을 기록하는 곳도 있다. 그러나 이 바람이 분수령을 넘으면 푄(Föhn) 현상으로 건조해지기 때문에 동사면에 위치해 있는 캔터베리 평야는 오히려 건조한 편이다. 그래서 남알프스 산맥의 분수령을 경계로 동서사면의 식생이 대조적이며, 서쪽 사면의 삼림이 훨씬 울창하다.

남알프스 산맥은 남위 41~45°에 걸쳐 형성되어 있는데, 고도가 높고 강수량이 많아 높은 곳에는 만년설이 쌓여 있으며, 이 만년설에 의해 형성된

사진 3-14_ 팬케이크 록

석회암과 혈암의 호층으로 이루어진 바위가 빗물에 석회암이 용식되어 마치 팬케이크를 쌓아둔 것 같은 모양을 보이고 있다.

곡빙하가 가장 많이 내려온 것은 표고 300m이다. 현재는 이들 빙하가 알파인 단층선을 건너지 못하고 남알프스 산지의 곡중에서 끝나고 있지만, 최종빙기 [뉴질랜드에서는 오티란(Otiran) 빙기라 한다] 최성기에는 곡구를 벗어나 산록 빙하의 형태로 확대되어 현재 해안선 너머까지 전진했다. 그래서 웨스트랜드 해안 저지에는 이때 형성된 다양한 측퇴석 지형들이 있으며, 동시에 많은 습지가 분포한다.

웨스트랜드에는 인구밀도가 낮고, 큰 도시가 없다. 이 지역의 대표적인 두 도시는 웨스트포트(Westport, 인구 약 5,300명)와 그레이마우스(Greymouth, 인구 약 1만 3,500명)이다. 이 두 도시는 1860년대의 골드러시 당시 형성된

사진 3-15_ 알파인 단층선을 따라 형성된 균열대

도시이며, 금의 채굴은 곧 끝나고 뒤에 석탄 광산이 개발되면서 1950년대까지 석탄의 집산지 및 반출항으로 역할을 했다.

웨스트포트에서 그레이마우스에 이르는 해안 도로(6번 국도)는 경치가 아름답기로 유명하다. 특히 푸나카이키(Punakaiki)를 중심으로 한 파파로아 국립공원(Paparoa National Park)은 각종 석회암 지형, 아열대 숲, 폭포로 이루어진 다양한 트레킹 코스가 유명하다. 해안에 있는 팬케이크 록(Pancake Rock)은 석회암과 혈암이 호층을 이루는 두꺼운 퇴적암이 빗물에 의해 석회암은 부분적으로 용식되고, 혈암은 그대로 남아 마치 팬케이크를 높게 쌓아둔 것 같은 특이한 지형을 형성하고 있다.

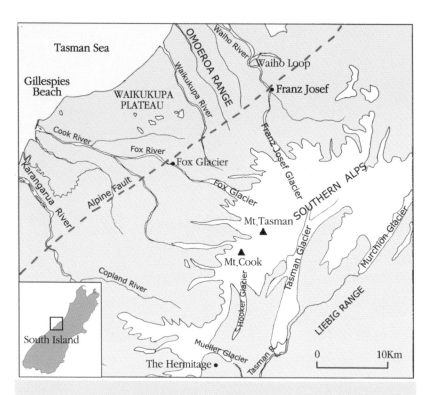

그림 3-9_ 웨스트랜드 국립공원과 마운트 쿡 국립공원 지역

남알프스 산맥에 3,000m 이상의 높은 산들이 모여 있고, 대부분의 빙하가 이곳에 형성되어 있다.

웨스트랜드 국립공원(Westland National Park)은 쿡 산(3,754m), 태즈먼 산(3,498m) 등 남알프스의 가장 높은 산들이 모여 있는 능선의 서사면 지역으로 빙하 지형을 관찰하기 좋은 공원이다. 이 공원에 바로 접해서 능선의

사진 3-16_ 마테슨(Matheson) 호수에 비친 쿡 산과 태즈먼 산(뉴질랜드 관광청 제공)

동쪽 사면은 마운트 쿡 국립공원(Mount Cook National Park)으로 지정되어 있다.

　뉴질랜드의 빙하는 모두 60여 개에 이르지만 그중에 규모가 큰 것은 모두 이 두 국립공원 지역에 형성되어 있다. 동사면으로 흐르는 빙하는 태즈먼, 멀치손(Murchison), 후커(Hooker), 뮬러(Mueller) 빙하가 대표적이며, 특히 태즈먼 빙하는 뉴질랜드에서 가장 긴 빙하로 길이가 29km이다. 서사면으로 흐르는 빙하는 프란츠 요셉(Franz Josef), 폭스(Fox), 밸푸어(Balfour), 페루즈(Perouse), 스트라우천(Strauchon) 빙하 등이 대표적이며, 대개 길이 10km 정도이고 경사가 급하여 이동 속도가 빠르다.

사진 3-17_ 태즈먼 곡빙하가 만든 말단 퇴석구

사진 3-18_ 프란츠 요셉 빙하의 후퇴 과정(빙하 입구 안내판 사진)

흰 파선과 그 파선에 표시된 연대는 그 연대에 빙하 말단 위치가 그 부근까지였다는 것을 나타낸다.

사진 3-19_ 폭스 빙하(뉴질랜드 관광청 제공)

프란츠 요셉 빙하는 약 200년 전만 해도 말단부가 표고 200m 부근까지 내려와 있었고, 그 뒤 지구 온난화의 영향으로 계속 후퇴했는데, 수평 거리로는 약 4km 정도 후퇴했고, 표고로는 약 100m 높아져서 말단부가 현재 표고 300m에 위치해 있다.

프란츠 요셉 빙하와 폭스 빙하는 국도에서 거리가 가깝고, 이들 주변에는 빙하와 같은 이름을 가진 기지촌이 각각 형성되어 관광 안내 시설, 숙박 시설, 편의 시설들을 갖추고 있다. 헬리콥터로 쿡 산 정상을 관광하는 출발지도 이들 두 부락이다.

프란츠 요셉 빙하와 연결된 하천이 와이호(Waiho) 강이고, 폭스 빙하와 연결된 강이 폭스 쿡(Fox-cook) 강이다. 이 두 강 사이 해안 쪽에 고도 300m 전후의 와이쿠쿠파(Waikukupa) 고원이 있는데, 이 고원의 표면은 빙하 퇴석과 습지가 되어 있는 와지들이 많이 분포한다. 이들 지형은 4만~7만 년 전, 즉 최종빙기 전기 빙기에 형성되었으며, 두 강에 인접하여 형성된 넓은 저지는 2만 5,000~1만 4,000년 전 최종빙기 후기 최성기 때 빙하가 바다까지 전진하면서 침식한 저지에 현재 빙퇴석과 하천 퇴적물이 덮여 있는 지형이다. 프란츠 요셉 마을 북쪽에 와이호 루프 (Waiho-loop)라는 전형적인 말단 퇴석구 지형이 있는데, 이 퇴석구는 1만 2,000년 전에 후퇴하던 빙하가 일시 머물면서 형성된 지형으로 해석되고 있다.

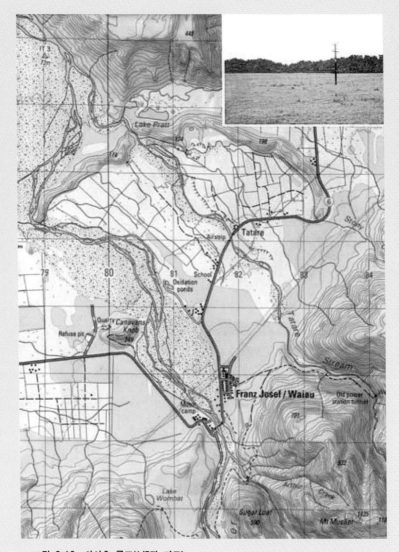

그림 3-10_ 와이호 루프(1/5만 지도)

일시적으로 머문 산록 빙하가 형성한 말단 퇴석구. 위 사진은 퇴석구 안쪽에서 퇴석구를 보면서 찍은 모습으로, 나무 숲이 이루어져 있는 것이 퇴석구이다.

40 남알프스의 세 고개

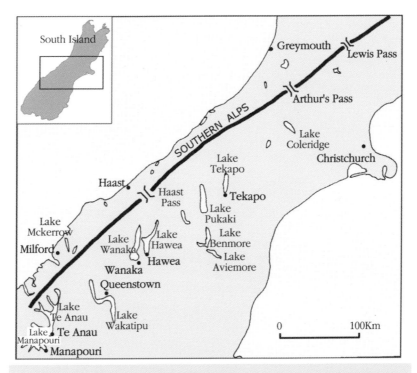

그림 3-11_ 남알프스의 세 고개와 그 동록에 분포하는 빙하호들

　남도의 척량 산맥인 남알프스(Southern Alps)는 높고 험준하며, 삼림이 울창하여 동서 교통의 큰 장벽이 되고 있는데, 이 산맥을 넘는 세 개의 고개가 있다. 가장 북쪽의 루이스 고개(Lewis Pass), 중앙의 아더 고개(Arthur's Pass), 남쪽의 하스트 고개(Haast Pass)가 그것이다.

　루이스 고개는 동록의 노천 온천 마을인 핸머스프링(Hanmer Spring)에서

사진 3-20_ 캐슬 록이라고 이름 붙여진 석회암 용식 지형(카렌)

서록의 리프턴(Reefton) 사이의 고개로 7번 국도가 지나고 고개 주변이 썸머 호 삼림공원(Lake Summer Forest Park)으로 지정되어 있다.

아더 고개는 크라이스트처치에서 곡구 취락인 스프링필드(Springfield)를 거쳐 캐슬 록(Castle Rock)과 데빌스 펀치볼(Devil's Punchbowl) 폭포를 지나 이 고개를 넘고, 다시 서쪽의 곡구 취락인 오티라(Otira)를 거쳐 서해안의 그레이마우스(Greymouth)로 가는 33번 국도와 철도가 지난다. 이 고개 주변 은 아더 고개 국립공원으로 지정되어 있다.

사진 3-21_ 아더 고개의 데빌스 펀치볼 폭포

131m 높이의 폭포가 국도에서 보인다.

하스트 고개는 동록의 아름다운 호반의 도시 와나카(Wanaka)와 서해안의 하스트 사이에 형성된 고개로 6번 국도가 지나며, 이 주변이 마운트 아스파이어링(Mt. Aspiring, 3,033m) 국립공원으로 지정되어 있다.

세 고개 모두가 빙하를 얹고 있거나 과거 빙하의 작용을 받아 산악미, 울창한 삼림, 폭포, 호수들로 이루어진 아름다운 경치여서 꼭 한 번씩 넘어볼 만하다. 차를 타고 간단히 넘어볼 수도 있지만 이곳들의 참 아름다움을 체험하려면 한 고개에 2~3일씩 머물면서 다양하게 마련된 트레킹 코스를 빠짐없이 다녀보는 것이 좋을 것이다.

필자는 이 세 고개를 차례로 넘어보았는데, 루이스 고개와 아더 고개에서 만년설을 얹고 있는 웅장한 산악미에 압도되었고, 하스트 고개에서는 도로 좌우 곡벽에 마치 기다란 명주 실타래를 늘어뜨려 둔 것과 같은 실폭포가 계속 나타나 정말 아름다웠다. 고개를 넘으면 하웨아 호와 와나카 호 사이로 도로가 나 있어, 빙하호의 아름다움을 또한 만끽할 수 있었다.

남도의 남알프스 주변에는 많은 빙하호가 형성되어 있다. 이들은 오타라 (Otira) 빙기에 남알프스 산지의 곡빙하가 산록까지 전진하면서 형성된 것이다. 그중에서도 규모가 큰 것은 아더 고개 남쪽 남알프스 산맥의 동사면을 따라 대상으로 분포하고 있다.

빙하호의 모습은 좁고 긴 것이 특색인데, 길이가 20km가 넘는 빙하호를 열거해 보면 북쪽에서부터 콜레릿지(Coleridge), 테카포(Tekapo), 푸카키 (Pukaki), 오하우(Ohau), 하웨아(Hawea), 와나카(Wanaka), 와카티푸(Waka-tipu), 테 아나우(Te Anau), 마나포리(Manapouri), 모노와이(Monowai), 하우로코(Hauroko), 포테리어(Poterier) 등 12개이다.

대부분 남북 방향으로 장축을 갖는 긴 호수들로 북쪽에는 빙하곡과 연결되고, 호수 남쪽 끝에는 말단 퇴석구가 형성되어 있다. 이 말단 퇴석구에는 호수 이름을 딴 작고 아름다운 타운들이 형성되어 있는데, 테카포, 하웨아, 와나카, 테 아나우, 마나포리 등이 그 예이다. 남도의 관광 명소인 퀸즈타운 (Queenstown)은 뉴질랜드에서 제일 긴(약 80km) 빙하호인 와카티푸 호반에 위치한 도시이다.

이들 빙하호의 물은 맑고 푸르지만 호수마다 물빛이 조금씩 달라서 어떤 것은 짙은 남색이지만, 어떤 것은 약하게 우윳빛이 섞인·푸른색을 띠고 있는

사진 3-22_ 푸카키 호수

뒤에 보이는 것이 쿡 산이고, 여기에서 눈 녹은 물이 내려와 형성된 이 호수는 눈 덮인 산그림자가 드리워진 옥색 물빛이 참으로 아름답다.

사진 3-23_ 와나카 호수

호수 이름을 딴 와나카 타운(인구 약 3,000명)은 예쁜 저택들로 이루어진 아름답고 한적한 마을이다.

사진 3-24_ 타라마카우(Taramakau) 강변에 핀 루핀스 꽃

것도 있다. 가까이서 보면 마셔도 될 만큼 맑은 물인데, 언덕에서 보면 눈이 부시게 파란 비취색의 호수, 눈 덮인 높은 산의 산그림자가 드리워져 있고, 너무나 조용하고 한적한 분위기, 이런 것들이 이들 빙하호들의 아름다움이요 멋이다.

　밀포드 사운드를 가는 국도 옆에 있는 테 아나우 호는 빙하호 중에서 면적이 가장 넓은 호수이다. 이 호수의 테 아나우 마을에서 뱃길로 30분쯤 가면 테 아나우 석회 동굴이 있다. 지금도 동굴 안에는 많은 물이 흐르고 있는 활성 동굴(active cave)로, 동굴 안에 폭포도 형성되어 있다. 또 동굴 천정에 무수히 많은 반딧불이가 붙어 있어 불을 끈 상태로 배를 타고 한

시간여 지나는 동안 별이 쏟아지는 밤하늘을 보는 것과 같아서 참으로 장관이었다.

테카포 호수 주변에는 초여름에 루핀스(Lupins)라는 보라색 꽃이 피어 온 벌판을 뒤덮는다. 맥켄지(알래스카와 캐나다의 국경 부근에 형성된 산맥 및 강)의 상징이라 하는 이 꽃은 서늘한 기후 지역의 하상이나 빙하 퇴석 등 자갈밭에 잘 자라기 때문에 뉴질랜드의 남알프스 산지 주변에서 흔히 볼 수 있다. 1m 정도 수직으로 뻗은 줄기에 보라색, 빨간색, 노란색의 꽃들이 아래에서부터 위쪽까지 촘촘히 매달려 있다.

42 | 관광 및 레저의 명소 퀸즈타운

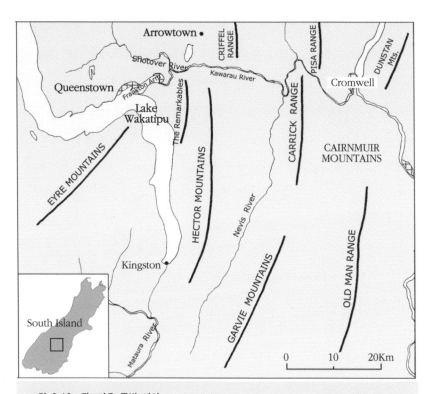

그림 3-12_ 퀸즈타운 주변 지역

카와라우 강이 빠른 두부 침식을 하면서 네비스 강과 숏오버 강을 차례로 쟁탈하고, 결국 와카티푸 호수물도 배수하게 되었다.

퀸즈타운은 남도 내륙, 빙하호 와카티푸 호반에 위치해 있으며, 인구 약 7,500명의 관광 도시이다. 와카티푸 호는 대략 S자형의 긴(길이 80km) 빙하 호이며, 이 호수의 물은 퀸즈타운 시가지 부근에서 카와라우(Kawarau) 강에

사진 3-25_ 번지점프로 유명한 카와라우 하곡

의해 배수된다. 카와라우 강은 크롬웰(Cromwell) 부근에서 클루타(Clutha) 강에 합류될 때까지 약 60km 구간을 여러 개의 산맥을 절단하면서 깊은 협곡을 이루고 있다. 퀸즈타운으로 들어가는 6번 국도도 이 하곡을 따라 가면서 만들어져 있는데, 이 국도가 하천을 건너는 카와라우 브릿지(Kawarau Bridge)에는 오래 전부터 43m 높이의 번지점프를 하는 곳으로 유명하다.

와카티푸 호수의 물은 수천 년 전만 해도 호수 남쪽 끝 킹스턴(Kingston, 말단 퇴석구 위에 형성된 작은 마을) 부근에서 마타우라(Mataura) 강으로 배수되었고, 현재 카와라우 강의 지류인 네비스(Nevis) 강, 숏오버(Shotover) 강도 원래는 마타우라 강으로 유입된 지류였다. 그러나 이 지역의 융기 운동과 카와라우 강의 빠른 두부 침식으로 먼저 네비스 강이 쟁탈되었고, 다음으로 숏오버 강이 쟁탈되었으며, 마지막으로 와카티푸 호수도 연결되었다.

사진 3-26_ 곤도라 종점에서 내려다 본 퀸즈타운 시와 와카티푸 호수

멀리 보이는 산지가 리마커블 산지이고, 호수 중에 돌출한 반도가 그레시알 모레인 페닌슐라이다.

이 지역의 지형은 전형적인 빙식 지형으로 호수에 접한 저지는 표고 350m 전후인데, 이 저지와 접한 고원은 곧바로 표고 1,500~2,000m로 높아져, 이 두 지형 간의 경계는 급사면으로 경계되어 있다. 특히 퀸즈타운 남동쪽에 표고가 2,000m를 넘으며 권곡 지형이 발달한 리마커블(Remarkables)이라는 고원이 있는데, 이 고원과 호변 저지 간의 경계는 불과 2km 폭에 1,500m 고도차를 보이는 급사면이 남북으로 길게 형성되어 있다.

퀸즈타운은 1860년대 애로(Arrow) 강 하곡에 사금이 발견되어 골드러시가 발생하면서 한때 애로타운(Arrowtown)의 인구가 약 7,000명에 이르기도 했다. 현재 이 마을의 인구는 약 1,700명으로 줄어들었지만 사금채취 현장의

사진 3-27_ 관광객이 사금을 채취하는 모습

체험 관광으로 유명하다. 사금을 채취하는 도구를 빌려 애로 강 하곡에 가서 사금을 채취하고 채취한 사금을 작은 장식용 통에 넣어서 목걸이를 만든다.

이렇게 골드러시로 형성된 도시가 현재는 호수, 계곡, 고원의 아름다운 경관을 이용하여 남도의 주요 관광 중심지로 성장했다. 호수에서의 각종 수상 레저, 협곡에서의 번지점프, 제트 보트(jet boat), 고원에서의 스키, 고원을 오르내리는 곤돌라 관광들이 유명하다.

퀸즈타운 앞의 호수에는 빙하 퇴석으로 이루어진 반도(glacial moraine peninsula)가 돌출해 있는데, 식물원으로 꾸며져 있어 각종 식물도 관람하고, 호수의 전망도 즐길 수 있는 곳이다.

43 피오르드랜드 국립공원

　남도 남서해안에 발달한 협만(Fjord)과 내륙 쪽 다섯 개의 빙하호를 합친 2만 1,000km²의 지역을 피오르드랜드 국립공원으로 지정하고 있다. 뉴질랜드에서는 이들 협만을 사운드(sound)라 부르고 있는데, 이 국립공원에는 14개의 사운드가 있다. 길이 약 20~40km 정도이며, 만 중앙부의 수심은 300~400m 깊이이고, 만구에서는 100m 전후의 수심을 보인다. 이들 사운드 중에서 자동차로 갈 수 있는 곳은 가장 북쪽에 위치하는 밀포드 사운드(Milford Sound)와 중간쯤에 위치하는 다우트풀 사운드(Doubtful Sound)이다.

　다우트풀 사운드의 이름은 1770년 제임스 쿡 선장이 이 부근을 항해하면서 이 협만의 입구를 보고 안전하게 들어갔다 나올 수 있을까 고민하면서 붙여진 이름이라 한다. 밀포드 사운드는 국도 94번 도로와 연결되어 있어 많은 관광객이 다녀가는 곳이다. 그러나 다우트풀 사운드는 좁은 비포장 지방도로로 연결되어 있어서 쉽게 접근할 수 없다. 그 밖의 사운드들은 접근 도로도 없고 취락도 입지해 있지 않은 완전한 자연 그대로의 경관들이다. 이 자연적인 해안에 펭귄과 해표들이 살고 있다.

　내륙쪽 빙하호는 테 아나우(Te Anau), 마나포리(Manapouri), 모노와이(Monowai), 하우로코(Hauroko), 포테리테이(Poteritei) 호 등이다. 특히 마나포리 호수의 웨스트 암(West Arm) 끝에서 다우트풀 사운드 안쪽 끝까지 거리

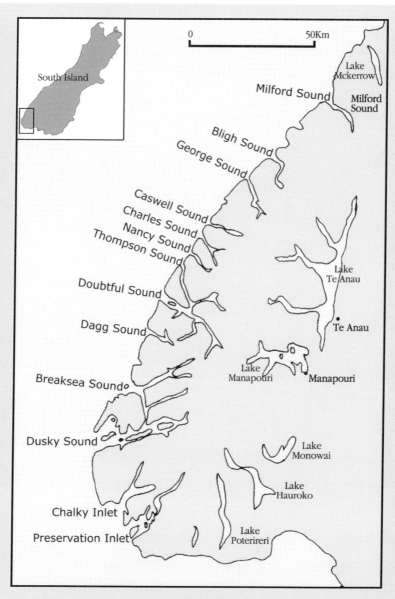

그림 3-13_ 피오르드랜드 국립공원

많은 협만이 형성되어 있는데, 가장 북쪽의 밀포드 사운드는 94번 국도로 연결되어 접근성
이 좋지만 그 밖의 것은 배가 아니면 접근하기 어렵다.

사진 3-28_ 밀포드 로드에서 볼 수 있는 U자곡
곡벽에 많은 실폭포가 드리워져 있다.

는 직선거리로 10km 정도이고 이들 두 수면의 고도차는 170m나 되기 때문
에 이 사이에 터널을 뚫어 호수물을 사운드 쪽으로 돌려서 그 낙차를 이용한
발전을 하고 있다.

테 아나우 타운(Te Anau town)에서 밀포드 사운드까지 약 120km의 도로
를 밀포드 로드라 하는데, 이 도로는 빙하곡을 관통하고 있으므로 도로 양측
에 절벽이 받혀 있고 이 절벽에 걸려 있는 작은 현곡(懸谷)들이 실폭포를
드리우고 있는 경관이 계속되어 참으로 선경의 경치이다.

이 밀포드 사운드 또한 전형적인 협만 지형의 경관을 보여준다. 협만

사진 3-29_ 밀포드 만으로 떨어지는 160m 높이의 보웬 폭포

사진 3-30_ 추기경의 모자를 닮은 마이터 피크. 바다에서 1,600m까지 급경사로 솟아 있다.

중간쯤에 추기경의 모자를 닮았다고 하여 이름 붙여진 마이터 피크(Mitre Peak)가 있는데, 이 봉우리는 해면에서 1,600m 높이까지 거의 수직에 가깝게 솟아 있다. 이 만 양안에는 크고 작은 폭포들이 걸려 있는데, 큰 규모의 폭포로는 160m 높이의 보웬(Bowen) 폭포, 146m의 스틸링(Stiling) 폭포가 바다로 떨어지고 있다.

　뉴질랜드 관광에서 가장 인상적이었던 곳을 묻는 질문에서 많은 관광객들이 밀포드 로드와 밀포드 사운드라 대답했다 한다. 이곳은 영화 〈반지의 제왕〉을 촬영한 곳으로도 유명하다.

44. 준평원 경관을 보이는 오타고 지방

　　남도의 남동부 지역을 오타고(Otago) 지방이라 한다. 이 지방은 기반 지질의 대부분이 오래된 변성 퇴적암으로 이루어졌고, 구조 운동은 정단층 지괴 운동이 있었을 뿐 상대적으로 안정된 지역이다. 오랜 침식의 결과로 완만한 구릉성 산지와 넓은 분지로 이루어져 준평원의 지형 경관을 보인다. 구릉지 상에는 토르(tor) 지형이 많이 나타나고, 또 이 지방은 고위도 지역이기 때문에 구조토 등 주빙하 지형이 많이 형성되어 있는 것이 특색이다.

　　이 지방은 편서풍의 바람의지 지역이기 때문에 강수량이 뉴질랜드에서 가장 적은 지방으로 연 강수량이 400mm 전후인 반건조 지역이다. 따라서 삼림의 형성이 적고, 자연 식생은 초지와 관목으로 이루어진 것이 대부분이다. 토지 이용의 대부분도 대규모 목양 목장으로 이루어져 있다. 다만 강수량이 좀더 많고 기온이 더 낮은 남단의 인버카길(Invercargill) 주변 지방은 낙농업이 발달해 있다.

　　1번 국도를 따라 인버카길에서 더니든까지 오타고 지방을 가로질러 여행해 보면 주변 지형 경관이 우리나라와 많이 닮았다는 것을 느낄 수 있다. 또한 한 사람의 주인과 두 마리의 개가 천여 마리의 양떼를 재주 있게 몰아가는 광경을 흔히 볼 수 있다. 한 초지에서 길 건너 다른 초지로 옮겨갈 때, 양떼들이 도로로 쏟아져 나오는데, 이때 지나가는 차들은 길가에 차를 세우고

사진 3-31_ 양떼의 이동

양떼가 다 지나갈 때까지 기다린다. 가야할 방향의 길을 열어두고 반대쪽 길을 개가 막아서면 양떼는 마치 물이 흐르듯이 방향을 잡아 이동한다.

사진 3-32_ 준평원 경관을 보이는 오타고 지방

45 | 스코틀랜드풍의 더니든 시

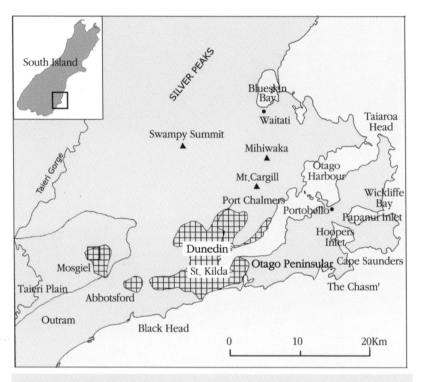

그림 3-14_ 더니든 주변 지역

화산 지형과 관련이 있는 오타고 반도와 오타고 만이 시에 접해 있다.

    더니든(Dunedin) 시는 오타고 지방의 동쪽 해안에 위치해 있는 인구 약 12만 명의 도시로, 오타고 지방의 중심 도시이다. 이 도시는 1848년 스코틀랜드 에든버러(Edinburgh) 주민들이 이주하여 건설한 도시이다. 더니든이란 이름도 에든버러의 켈트어(Gaelic) 이름이며, 그밖에도 더니든에는 에든버러

사진 3-33_ 아름다운 더니든 역사 건물

의 거리 이름을 많이 쓰고 있다. 시 중앙에는 옥타곤(octagon)이라는 팔각형 광장이 있고, 이 광장과 평행된 팔각형의 도로가 이중으로 만들어져 있는데, 여기에 시청과 교회 등 주요 건물이 모여 있다.

더니든 시에는 아름다운 건물이 많기로 유명한데, 대표적인 것은 시청 건물, 성 파울 성당(St. Paul's Cathedral), 퍼스트 교회(First Church), 역 청사 건물(Railway Station Building) 등이 있다. 시청은 옥타곤 중심에 있으며, 시계탑을 얹고 있는 아름다운 건물이다.

사진 3-34_ 장로교의 대표 교회이고 오래된 더니든의 퍼스트 교회

　　더니든 역 청사 건물은 바깥 모양이나 내부 장식들이 너무 아름다워 세계에서 제일 아름다운 역사가 아닐까 생각될 정도이다. 기둥은 흰색 화강암이고, 벽은 베이지 색의 오마라우(Omarau) 석회암과 오타고의 블루 스톤(blue stone)으로 모양을 내고 있으며, 유리 창문은 교회 창문처럼 그림을 그려서 구운 유리(stained glass)로 되어 있다.

　　퍼스트 교회는 장로교의 중심 교회로, 1873년 당시 뉴질랜드의 유명한 건축가였던 로버트 로손(Robert Lawson)에 의해 건설된 대표적 건물로, 첨탑

사진 3-35_ 오타고 대학 본부 건물

의 높이가 56m이다.

또 이 도시에는 뉴질랜드에서 가장 오래되었고(1878년 설립), 유명한 오타고 대학이 있는데, 대학 본부 건물은 스코틀랜드의 글래스고우(Glasgow) 대학 건물을 본떠서 지었으며, 높은 시계탑을 얹고 있는 고딕 양식의 아름다운 건물이다.

2003년 뉴질랜드 지리학 대회 때 발표를 들어보니 이 대학에서 자연지리의 연구가 활발히 이루어지고 있고, 남극 대륙에 대해서도 많은 관심을

사진 3-36_ 오타고 반도의 전망 좋은 언덕에 지어진 라나크 성

가지고 있음을 알 수 있었다.

더니든 시가지가 형성되어 있는 곳의 지형은 화산 지형으로 경사가 급한 곳이 많다. 또 크라이스트처치에서처럼 화산 지형으로 된 오타고 반도와 오타고 만이 길게 형성되어 있다. 이 오타고 반도의 능선을 따라 전망 좋은 도로가 만들어져 있으며 중간쯤에 라나크 성(Larnach Castle)이 있다. 뉴질랜드 유일의 성이라 하지만 성이라기보다는 그냥 전망 좋은 언덕에 아름답게 지은 저택이다. 이 성은 1871년 당시 은행가이자 정치가였던 라나크(William J. M. Larnach)가 14년에 걸쳐 세계 각처의 자재를 가져와서 지었다고 한다. 그러나 결국 이 사람은 그 뒤 사업이 잘 풀리지 않아 권총 자살했다고 한다.

46 신기한 구형의 돌 모에라키 볼더

　더니든 북쪽 약 80km 거리에 있는 해안에 모에라키(Moeraki)라는 작은 어촌이 있고 이 어촌 북쪽에 긴 사빈이 형성되어 있다. 이 사빈에 직경 약 2m 정도인 완전 구형의 둥근 돌 50여 개가 널려 있다. 이 돌의 형성 과정은 아직까지 정확히 밝혀지지 않았지만 대략 다음과 같은 과정을 거쳤을 것으로 추정하고 있다. 먼저 이 굵은 구형의 돌은 기반암편이 파랑에 침식되어 만들어진 것은 아니다. 바다 밑에 퇴적되어 있는 점토 속에 포함된 어떤 핵(조개 파편 등)을 중심으로 탄산염이 계속 붙어 고결화되는 과정을 반복하여 성장했다. 원래 모습도 대체로 구형이었지만 이 해빈에 노출되어 있는 것처럼 완전히 둥글지는 않다. 따라서 이 돌이 해면에 노출되어 파식을 받으면서 더욱 둥글어졌을 것으로 추정한다. 이 비치 남쪽 카이티키 곶(Kaitiki Point)에 해성 퇴적암이 분포하고 있는데, 이 속에 이보다는 조금 작고 덜 구형인 탄산염 결정체가 박혀 있다.

사진 3-27_ 모에라키 볼더(1)

사진 3-38_ 모에라키 볼더(2)

이야기를 마치며

　　뉴질랜드에서 오래 살았지만 뉴질랜드 국적이 없는 한 외국인은 키위들을 가리켜 "참으로 순박한 사람들이었는데, 최근 많은 관광객이 다녀가고, 또 아시아계 이민들이 많아지면서 약간 약아졌다"고 평했다. 다소 그런 측면이 있어서 한 말일 것이다.

　　필자는 뉴질랜드에서 일 년밖에 살지 못했고, 그곳 사람들과 교분을 제대로 가져보지 못했기 때문에, 이 사람들의 인성을 이야기하는 것이 주제넘고 편견일지 모르지만 다음과 같이 느꼈다. 키위들은 순박하고 정직하며 다소 무뚝뚝한 편이다. 그래서 이 사람들을 '순박한 촌사람'이라고 부르기도 한다. 이 사람들은 거짓말하는 것을 매우 싫어한다. 예를 들어, 교통 위반을 했을 때에도 정직하게 말하면 보내주는 경우가 많지만, 거짓말을 하면 최대한의 벌금을 과하는 경우가 많다. 또한 남에게 피해를 주어서는 안 된다는 것을 어릴 때부터 철저하게 교육하고 있기 때문에 자기 집에서는 장난기 많고 번잡스러운 아이들도 대중음식점에서는 절대로 자기 자리를 떠나지 않는다.

　　배가 고파 상점에서 빵 한 개를 훔쳤던 초등학생에게 그 부모는 반년 동안 그 상점에서 아침 청소를 하도록 벌을 과할 만큼 엄하다.

　　뉴질랜드 사람들은 일을 느리게 하고 완벽하게 하는 편이다. 우리나라에서라면 하루에 끝내버릴 정도의 간단한 집수리도 일주일 이상 걸린다. 이들은

전통을 좋아해서 학생들이 교복 입기를 좋아하고, 이곳으로 이주해 오기 전 자기 선조 고향의 민속놀이를 즐겨 한다. 이와 같이 키위들의 인성은 경제 논리 위주로 치닫고 있는 나라 국민들의 인성과는 크게 다른 인상을 주어 필자에게도 마치 도시에서 살다가 시골 고향에 온 느낌을 주었다.

　이 책에서 이야기한 것과 같이 뉴질랜드는 자연의 풍광이 참으로 좋을 뿐만 아니라, 여기에 살고 있는 주민들 또한 이와 조화를 이루며 살고 있다. 필자는 앞으로도 기회가 닿으면 한 번 더 뉴질랜드에 가서 남도의 와나카 호숫가에 형성된 마을에 여장을 풀고, 눈 덮인 산과 푸른 호수, 삼림이 어우러 진 자연의 아름다움과 순박한 인심에 흠뻑 젖어들고픈 마음이다.

참고문헌

Allis, R. G. 1986. "Mode of crustal shortening adjacent to the Alpine Fault, New Zealand." *Tectonics*, 5. pp.15~32.

Beaven, J., M. Moore, C. Pearson, S. Bourne, P. England, D. Walcott, G, Blick, D. Darby and K. Hodgkinson. 1999. "Crustal deformation during 1994-1998 due to oblique continental collision in the central Southern Alps, New Zealand, and implication for the seismic potential of the Alpine Fault." *Journal of Geophysical Research*, 104-25. pp.233~255.

Coates, G. 2002. *The rise and fall of Southern Alps.* Canterbury University Press. p.80.

Coombs, D. S., C. A. Landis, R. J. Norris, J. M. Sinton, D. J. Borns, and D. Craw. 1976. "The Dun Mountain ophiolite belt, New Zealand, its tectonic setting, constitution, and origin, with special reference to the southern portion." *American Journal of Science*, 276. pp.561~603.

Cooper, A. F. and R. J. Norris. 1995. "Displacement on the Alpine Fault at Haast River, South Westland, New zealand." *New Zealand Journal of Geology and Geophysics*, 38. pp.509~514.

Dorling Kindersley ltd. 2002. *Eyewitness travel Guides New Zealand*, 384.

Furkert, F. W. 1947. "Westport Harbour." *Transactions of the Royal Society of New Zealand*, 76. pp.373~402.

Grapes R. and H. W. Wellman. 1988. "The Wairarapa Fault." Victoria University of Wellington Geology Board of Studies, Publication 4.

Hunt, T. 1978. "Stokes Magnetic Anomaly System." *New Zealand Journal of Geology and Geophysics*, 21. pp.595~606.

Kamp, P. 1987. "Age and origin of the New Zealand Orocline in relation to Alpine Fault movement." *Journal of the Geologcal Society.* 114. London. pp.641~652.

_____. 1992. "Tectonic architecture of New Zéaland." edited by J. M. Soons and M. J. Selby. *Landforms of New Zealand.* Longman Paul. pp.1~30.

Kamp, P. J. J., P. F. Green, and J. M. Tippett. 1992. "Tectonic architecture of the mountain front-foreland basin transition, South Island, New Zealand, assessed by fission track analysis." *Tectonics,* 11. pp.98~113.

Kingma, J. T. 1959. "The tectonic history of New Zealand." *New Zealand Journal of Geology and Geophysics,* 2. pp.1~55.

Kleffmann, S., F. Davey, A. Melhuish, D. Okaya and T. A. Stern. 1998. "Crustal structure in the central South Island, New Zealand, from the Lake Pukaki seismic experiment." *New Zealand Journal of Geology and Geophysics,* 41. pp.39~49.

Lensen, G. J. and P. Vella. 1971. "The Waiohine River faulted terraces sequence." *Royal Society of New Zealand Bulletin,* 9. pp.117~119.

Molloy L. and R. Smith. 2002. *Landforms, the shaping of New Zealand.* Craig potton. 160.

Mclean, F. F. 1978. "Recent Coastal progradation in New Zealand." in Soons. 1992. *Landforms of New Zealand.*

Norris, R. J. and A. F. Cooper. 1995. "Origin of small-scale segmentation and transpressional thrusting along the Alpine Fault, New Zealand." *Geological Society of America Bulletin,* 107. pp.231~240.

Penguin Books(NZ) ltd. 1999. *New Zealand Atlas,* 125.

Pillans B. 1990. "late Quaternary marine terraces, south Taramaki-Wanganui." *New Zealand Geological survey miscellaneous series map 18.* Map and notes, DSIR, Wellington.

Simpson, G. H., A. F. Copper, and R. J. Norris. 1994. "Late Quaternary evolution of the Alpine Fault zone at Paringa, South Westland, New Zealand." *New*

Zealand Journal of Geology and Geophysics, 37. pp.49~58.

Soons, J. M. and M. J. Selby. 1992. *Landforms of New Zealand.* Longman Paul. 524.

Suggate, R. P. 1963. "The Alpine fault." *Transactions of the Royal Society of New Zealand, geology*, 2-7. 105-129.

_____. 1978. *The Geology of New Zealand*, Vol.1 and 2.

Sutherland, R. 1999. "Cenozoic bending of New Zealand basement terranes and Alpine Fault displacement." *New Zealand Journal of Geology and Geophysics*, 42. pp.295~301.

Sutherland, R. and R. J. Norris. 1995. "Late Quaternary displacement rate, and geomorphic evolution of the Alpine Fault: evidence from Hokuri Creek, South Westland, New Zealand." *New Zealand Journal of Geology and Geophysics*, 38. pp.419~430.

Williams, P. W. 1991. "Tectonic geomorphology, uplift rates and geomorphicresponse in New Zealand." *Catena, An Interdisciplinary Journal of Soil Science-Hydrology-geomorphology*, 18. pp.439~452.

Yetton, M. D. 1998. "Progress in understanding the paleoseismicity of the central and northern Alpine Fault, Westland, New Zealand." *New Zealand Journal of Geology and Geophysics*, 41. pp.475~483.

찾아보기

【ㄱ】

가버먼트 가든(Government Garden)　86

고사리 나무(tree fern)　38

곤드와나(Gondwana) 대륙　17

곤드와나 암군　20

골드러시(gold rush)　52

골든 베이(Golden Bay)　55, 120, 133

90마일 비치(Ninety mile beach)　60, 75

그레이마우스(Greymouth) 시　122, 150

그레이와크(Graywack)　22

기반 지질군　20

기스본(Gisbone) 시　64

기요라　44

【ㄴ】

나리노(Ngarino) 단구애　101

나우루호에(Ngauruhoe) 산　64, 93

남도　13

남알프스(Southern Alps) 산맥　31, 149

네비스(Nevis) 강　165

네피어(Napier) 시　65, 98

넬슨 볼더 뱅크(Nelson Boulder Bank)
　131

넬슨(Nelson) 지방　22

넬슨 헤븐(Nelson Haven)　131

넬슨 시　120, 130

노스 쇼어(North Shore)　69, 74

노스 케이프(North Cape)　75

노스랜드(Northland) 지방　23, 60, 67

노퍽 릿지(Norfork ridge)　17

뉴질랜드의 침수 대륙 지각　17

뉴플리머스(New Plymouth) 시　64, 96

【ㄷ】

다우트풀 사운드(Doubtful Sound)　125,
　168

더니든(Dunedin) 시　126, 176

데본 포트(Devon Port)　74

데빌스 펀치볼(Devil's Punchbowl) 폭포
　158

덴니스턴(Denniston)　54

도호암군(島弧岩群, Arc rocks) 20
동부 지질군 20
둔 마운틴(Dun Mountain) 산지 22, 132
둔 산지 초염기성 지질대(Dun mountain
　　　ophiolite belt) 22, 29, 132

【ㄹ】

라나크 성(Larnach Castle) 180
라우카와(Raukawa) 산맥 99
라우쿠마라(Raukumara) 산맥 64
라카이아(Rakaia) 강 122, 143
랑이타타(Rangitata) 강 122, 143
랑이토토(Rangitoto) 70
래빗 아일랜드(Rabbit Island) 132
랜풀리(Ranfurly) 마을 125
램턴 키(Lambton Quay) 거리 104, 108
램턴(Lambton) 항구 104
랭아 곶(Cape Reinga) 75
러셀(Russell) 시 60, 79
레드 마운틴(Red mountain) 22, 29
레드 힐(Red hill) 22, 29
로드 하우 융퇴(Lord Howe rise) 17
로토루아(Rotorua) 지방 63, 86
로토루아 호 23
로토마하나(Rotomahana) 호수 88
루아마항가(Ruamahanga) 강 111
루아페후(Ruapehu) 산 23, 64, 93
루아페후 지방 64
루이스 고개(Lewis Pass) 157

리마커블(Remarkables) 고원 166
리무타카(Rimutaka) 산맥 66, 109
리틀턴(Lyttelton) 만 146
리프턴(Reefton) 마을 158

【ㅁ】

마나와투(Manawatu) 강 66
마나와투 지방 66
마나카우(Manakau) 산 140
마나포리(Manapouri) 빙하호 160
마누카우(Manukau) 만 67
마스터톤 분지(Masterton Basin) 111
마스터톤 시 66
마오리(Maori) 전쟁 56
마오리족 16, 43
마운트 망가누이(Mt. Maunganui) 81
마운트 웰링턴(Mt. Wellington) 69
마운트 이든(Mt. Eden) 69
마운트 쿡 국립공원(Mt. Cook National
　　　Park) 153
마운트 홉슨(Mt. Hobson) 69
마이터 피크(Mitre Peak) 172
마케이 블러프(Makay Bluff) 131
마타우라(Mataura) 강 165
마타카나(Matakana) 섬 81
말보로 사운드(Marlborough Sound) 31,
　　　128
말보로 지방 120
맥켄지(Mackenzie) 지방 124

맹그로우브(mangrove) 39

멀치손(Murchison) 빙하 153

모노와이(Monowai) 빙하호 160

모에라키(Moeraki) 마을 181

모우테레 저지(Moutere Depression) 130

모코(Moko) 43

문쉰(Moonshin) 단층 105

뮬러(Mueller) 빙하 153

미라마르(Miramar) 반도 108

미션 베이(Mission bay) 74

밀포드(Milford) 로드 170

밀포드 사운드 124, 168

【ㅂ】

밸푸어(Balfour) 빙하 153

뱅크스 페닌슐라(Banks Peninsula) 122,
        146

버논 석호(Vernon lagoon) 138

베니오프(Beniof) 모델 25

베링 곶(Baring Head) 116

베이 오브 아일랜드(Bay of Island) 56,
        60, 78

보운티(Bounty) 섬 13

보웬(Bowen) 폭포 172

보웬타운 헤드(Bowentown Head) 81

보타닉 가든(botanic garden) 105

부가(付加) 현상 27

북도 13

블러프 힐(Bluff Hill) 100

블레넘(Blenheim) 시 120, 136

비하이브(Beehibe) 104

빅토리아(Victoria) 대학 104

빅토리아 산 104

【ㅅ】

사우스랜드(Southland) 지방 22, 125

생태 관광지 28

샴페인 풀(Champagne pool) 87

서부 지질군 20

섭입(攝入, subduction) 25

센트럴 오타고(Central Otago) 지방 125

숏오버(Shotover) 강 165

스카이타워(Sky Tower) 72

스토크 지자기 이상대(stokes magnetic
        anomaly) 22

스토크(Stoke) 산 129

스튜어트(Stewart) 섬 13

스트라우천(Strauchon) 빙하 153

스틸링(Stiling) 폭포 172

스프링필드(Springfield) 시 142, 158

실버(Silver) 산맥 99

썸머 호 삼림공원(Lake Summer Forest
        Park) 158

【ㅇ】

아더 고개(Arthur's Pass) 157

아벨 태즈먼(Abel Tasman) 55
아벨 태즈먼 국립공원 135
아스파이어링(Mt. Aspiring) 국립공원 159
아오테아(Aotea) 55
아와테레(Awatere) 단층 27
아우푸리(Aupouri) 반도 75
아카로아(Akaroa) 마을 147
아카로아 만 146
ANZAC Day 57
안티포데스(Antipodes) 섬 13
알렉산드라(Alexandra) 마을 125
알파인(Alpine) 단층 23, 27, 31
애로(Arrow) 강 166
애로타운(Arrowtown) 시 54, 125, 166
애슐리(Ashley) 강 122
앰버레이(Amberlay) 시 142
에그몬트(Egmont) 산 64, 95
에이번(Avon) 강 146
오노케(Onoke) 호수 111
오라케이(Orakei) 분지 69
오루아누이(Oruanui) 분출 90
오클랜드(Auckland) 대학 72
오클랜드 도메인(Auckland Domain) 74
오클랜드 지협 67
오클랜드 섬 13
오클랜드 시 10, 52, 60, 68
오타고(Otago) 대학 179
오타고 만 180
오타고 반도 180
오타고 지방 22, 173
오티라(Otira) 158

오티란(Otiran) 빙기 150
오하리우(Ohariu) 단층 105
오하우(Ohau) 빙하호 124, 160
옥스퍼드 테라스(Oxford Terrace) 146
와나카(Wanaka) 빙하호 122, 160
와나카 시 122
와나카 지방 122
와이라라파(Wairarapa) 단층 111, 105, 27
와이라라파 지방 111, 66
와이라라파 지진 66, 113
와이라라파 호수 66, 109
와이라우(Wairau) 강 120, 136
와이라우 단층 27
와이라케이(Wairakei) 강 92
와이마카리리(Waimakariri) 강 122, 143
와이망구 화산계곡(Waimangu volcanic valley) 88
와이오타푸(Waiotapu) 지열지대 87
와이오힌(Waiohine) 면 112
와이오힌 강 111
와이카토(Waikato) 강 62
와이카토 지방 23, 62
와이쿠쿠파(Waikukupa) 고원 155
와이타키(Waitaki) 강 124
와이탕이(Waitangi) 56
와이탕이 강 78
와이탕이 데이(Waitangi Day) 78
와이탕이 조약 56
와이탕이 트리티 그라운드(Waitangi Treaty Ground) 78

와이토모(Waitomo) 석회 동굴 63

와이포우아(Waipoua) 38

와이포우아 삼림 60

와이호 루프(Waiho-loop) 155

와잉가와(Waingawa) 강 111

와카레와레와(Whakarewarewa) 지열지대
　　　87

와카타네(Whakatane) 시 64

와카티푸(Wakatipu) 빙하호 125, 160,
　　　164

왕가누이(Wanganui) 시 66, 101

왕가누이 지방 23, 65

용암수형(tree mold) 70

우수주향 이동 단층운동(dextral strike slip
　　　movement) 27, 29

원 트리 힐 파크(One Tree Hill Park) 74

웨스턴 베이(Western Bay) 91

웨스트 코스트(West Coast) 122

웨스트랜드 국립공원(Westland National
　　　Park) 152

웨스트랜드 지방 20, 149

웨스트포트(Westport) 시 122, 150

웰링턴(Wellington) 단층 27, 105

웰링턴 시 13, 52, 104

웰링턴 지방 66

윈터 가든(winter garden) 74

육계도 75

육계사주 75

은고사리(silver fern) 38

이스트 곶 31

이스트랜드(Eastland) 지방 64

인도-오스트레일리아 지각판 25

인버카길(Invercargill) 시 125, 173

【ㅈ】

제임스 쿡(James Cook) 56

지옥 호수 89

【ㅊ】

차탐 융퇴(Chatham rise) 17

차탐 섬 11, 13

참프벨(Champbell) 섬 13

참프벨 제도 11

【ㅋ】

카오카오로아(Kaokaoroa) 산맥 99

카와라우 브릿지(Kawarau Bridge) 165

카와라우(Kawarau) 강 164

카우리(kauri) 소나무 37

카이코우라(Kaikoura) 만 28, 141

카이코우라 반도 28, 139

카이코우라 산맥 28, 31, 140

카이코우라 시 139

카이코우라 조산 운동 27

캄프벨 고원(Campbell plateau) 17

캐슬 록(Castle Rock) 158

캔터베리(Canterbury) 지방 23, 31, 122

캔터베리 평야 34, 142

케네푸루 사운드(Kenepuru Sound) 129

케르마덱(Kermadec) 제도 11, 13

케르마덱 해구 19, 25

케임브리지 테라스(Cambridge Terrace)
　　146

코로만델 삼림공원(Coromandel Forest
　　Park) 62

코로만델 지방 62

코스탈 오타고(Coastal Otago) 지방 126

코히누라카우(Kohinurakau) 산맥 99

콜레릿지(Coleridge) 빙하호 160

쿠이라우 공원(Kuirau Park) 87

쿡 산(Mt. Cook) 31, 124, 152

쿡 해협(Cook Strait) 13, 127

퀸 샤롯 사운드(Queen Charlotte Sound)
　　120, 128

퀸스트리트(Queens Street) 72

퀸즈타운(Queenstown) 시 125, 164

퀸즈타운 지방 125

크라렌스(Clarence) 단층 27

크라이스트처치(Christchurch) 시 52,
　　122, 145

크롬웰(Cromwell) 165

클라우디(Cloudy) 만 136

클루타(Clutha) 강 165

키드내퍼스(Kidnappers) 곶 100

키위(Kiwi) 13

킹스턴(Kingston) 마을 165

【ㅌ】

타라나키(Taranaki) 산 95

타라나키 지방 64

타라루아(Tararua) 산맥 111

타라웨라(Tarawera) 88

타마키(Tamaki) 강 67

타우랑가(Tauranga) 시 64, 82

타우포(Taupo) 시 65, 92

타우포 지방 64

타우포 화산대 23, 31, 85

타우포 호 23, 64, 90

타우헤레니카우(Tauherenikau) 강 111

타카카 힐(Takaka Hill) 120, 135

태즈먼(Tasman) 만 120

태즈먼 빙하 153

태즈먼 산 152

태즈먼 해 17

태평양 지각판 25

테 아나우(Te Anau) 석회 동굴 162

테 아나우 빙하호 125, 160

테 푸케(Te Puke) 63, 84

테카포(Tekapo) 빙하호 124, 160

템스(Thames) 시 62

토레스(Torlesse) 암군 20, 22

토리 수로(Tory Channel) 128

통가(Tonga) 해구 19

통가리로 국립공원(Tongariro National
　　Park) 64, 66, 93

통가리로 산 64, 93

투라키라에 곶(Turakirae Head) 116

트리티 하우스(treaty house) 78
티마루(Timaru) 시 142

【ㅍ】

파넬(Parnell) 거리 73
파라파라우무(Paraparaumu) 시 66
파머스턴 노스(Palmerston North) 66
파이히아(Paihia) 60, 78
파투하(Patuha) 산 95
파파로아 국립공원(Paparoa National
          Park) 151
판무레(Panmure) 분지 69
팬케이크 록(Pancake Rock) 151
팰리서(palliser) 만 115
페루즈(Perouse) 빙하 153
페어웰 사취(Farewell Spit) 120, 133
펜카로우 곶(Pencarrow Head) 115
펠로러스 사운드(Pelorus Sound) 129
포버티(Poverty) 만 64
포우아카이(Pouakai) 산 95
포우카와(Poukawa) 호수 100
포이(Poi) 춤 43
포테리어(Poterier) 빙하호 160
포후투카와(Pohutukawa) 나무 38, 71
폭스(Fox) 빙하 153
푸나카이키(Punakaiki) 151
푸이세굴(Puysegur) 해구 19, 25, 27
푸카키(Pukaki) 빙하호 124, 160
푸푸케(Pupuke) 호수 69

프라잉 팬 호수(Frying Pan Lake) 88
프란츠 요셉(Franz Josef) 빙하 153
플렌티(Plenty) 만 23, 50, 62~63
피복 지질군 20
피오르드랜드(Fiordland) 국립공원 168
피오르드랜드 지방 20, 124
픽턴(Picton) 시 13, 120, 129

【ㅎ】

하버 브릿지(Harbour Bridge) 74
하스트 고개(Haast Pass) 157
하스트 편암 23
하우라키(Hauraki) 만 62, 67
하우로코(Hauroko) 빙하호 160
하웨라(Hawera) 시 64, 124
하웨아(Hawea) 빙하호 122, 160
하카(Haka) 춤 43
하헤이 마을(Hahei Town) 62
핫 워터 비치(Hot Water Beach) 62
해글리(Hagley) 공원 146
해밀턴 시 52, 62
핸머스프링(Hanmer Spring) 마을 157
향유고래 28
헤레타웅가(Heretaunga) 평야 100
헤이스팅스(Hastings) 시 65, 98
호로훼누아(Horowhenua) 지방 66
호크(Hawk) 만 98
호크 만 지진 100
호크스 베이(Hawke's Bay) 지방 23, 65

호키티카(Hokitika) 55

호프(Hope) 단층 140, 27

화이트 아일랜드(White Island) 23, 63, 81

화이트만스 벨리(Whitmans Valley) 단층

105

회의장 건물(meeting house) 43

후카(Huka) 폭포 92

후커(Hooker) 빙하 153

히쿠랑기(Hikurangi) 해구 19, 25, 27

■ 지은이

조화룡(曺華龍)

경북대학교 문학사
일본 도호쿠(東北)대학 이학석사, 박사
경북대학교 교수(1979~2006)
뉴질랜드 오클랜드대학 연구교수

주요 저서:『한국의 충적 평야』
　　　　　　『자연과 환경』
　　　　　　『한국의 제4기 환경』등 다수

뉴질랜드 지리 이야기

ⓒ 조화룡, 2006

지은이 | 조화룡
펴낸이 | 김종수
펴낸곳 | 도서출판 한울

편집책임 | 안광은
편집 | 김현대

초판 1쇄 발행 | 2006년 8월 25일
초판 2쇄 발행 | 2009년 9월 30일

주소 | 413-832 파주시 교하읍 문발리 507-2(본사)
       121-801 서울시 마포구 공덕동 105-90 서울빌딩 3층(서울 사무소)
전화 | 영업 02)326-0095, 편집 02)336-6183
팩스 | 02)333-7543
홈페이지 | www.hanulbooks.co.kr
등록 | 1980년 3월 13일, 제406-2003-051호

Printed in Korea.
ISBN 978-89-460-4147-9 03960

* 가격은 겉표지에 있습니다.